Understanding China's New

EXPORT

CONTROL

중국 新수출통제제도의 이해

●

류예리

System

박영사

추천사

지난주 기다렸던 원고를 받아 단숨에 읽었다. 그동안 중국 수출통제제도에 대해 궁금한 점은 많았지만 마땅한 자료를 찾기 어려웠다. 때마침 류예리 교수의 책은 나의 지적인 목마름을 적셔주기에 충분했다. 중국은 미국의 수출통제제도를 기본으로 자국의 상황에 맞게 제도를 진화시켜 왔다. 게다가 중국은 여러 법령에 관련 사항을 규정하고 있어 중국의 수출통제제도를 제대로 분석하기는 쉽지 않았다.

지난 몇 년 사이 류교수는 경제안보와 수출통제제도에 관한 다수의 논문을 발표했다. 우리는 국민경제자문회의 경제안보 분과에서 같이 활동하면서 중국의 경제안보와 수출통제에 대해 열띤 토론을 하기도 했다. 류교수는 중국이 공급망 측면에서 우리나라에 가장 중요한 국가임에도 불구하고 중국의 경제안보나 수출통제에 관한 정확한 법·제도 연구가 부족함을 자주 강조했다.

지난해 내가 전략물자관리원의 원장을 맡고 있을 당시 전략물자관리원에는 중국 수출통제 전문가가 없었다. 전략물자관리원의 이러한 공백을 류교수가 메워줬고, 그 사이에 책 발간을 구상했던 것 같다. 류교수는 중국 칭화대에서 법학박사를 취득하였기에 중국과 대만의 수출통제 법과 제도를 파악하는 데 학문적 우위를 발휘할 수 있었을 것으로 생각한다.

금년 초 통상교섭본부장에 임명되면서 나는 우리나라 통상정책 전반을 책임지게 되었다. 현재 국제사회는 미·중 갈등이 고조되면서 세계무역기구(WTO)를 중심으로 한 다자통상체제의 위상이 약화되고 있다. 이러한 상황에서 미국

은 첨단기술 보호 및 국가 안보적 차원에서 수출통제제도를 강화시키고 있다. 이에 우리나라는 특히 중국의 수출통제까지도 파악하여 우리나라에 가장 적합한 공급망 및 수출통제 정책을 수립해야 한다.

대외의존도가 높은 우리나라는 언제든지 공급망 위기에 노출되어 있다. 의도적이든 시장 수급상의 문제이든 간에 중국발 공급망 위기가 가장 크다. 중국은 여러 제도와 법령을 통해 수출의 흐름에 영향을 미칠 수 있는 다양한 정책수단을 갖고 있다. 류교수의 "중국 신(新)수출통제제도의 이해"는 바로 중국의 복잡한 수출통제 관련법과 제도를 종합적으로 다루고 있다.

지난 30년 나는 국제통상 분야 연구자로 활동하면서 많은 책의 서문을 썼다. 그러나 추천사는 류교수의 책이 처음이다. 교과서를 다루는 대형 서점에 가보면 국제통상 관련 서적이 많다. 그러나 중국의 수출통제에 대한 전문서적은 찾아보기 어렵다. 경제안보 시대에 수출통제는 통상정책의 핵심 분야가 되고 있다. 류교수의 책이 우리나라 국제통상 학계에 신선한 바람을 불어넣을 것이다.

2024년 3월
정인교
통상교섭본부장

머리말

2023년 12월 어느 날 아침 "책을 써야겠다"고 마음을 먹었다. 아마도 그날은 중국이 산업용 요소뿐만 아니라 화학비료의 원료인 인산암모늄 수출을 통제한다는 기사를 읽은 날이었을 것이다. 유력 언론사가 중국이 수출을 통제한다고 하니 우리 농가는 이제 큰일이라고 떠들었다. 심지어 중국 전문가들이 작성한 보고서에서조차도 중국의 수출통제조치라고 분석하였다. 중국의 조치가 수출통제가 아닌데도 수출통제라고 진단하면 어떻게 정확한 대책을 수립할 수 있겠는가?

"중국의 수출통제제도를 정확히 알려야겠다"는 생각으로 그동안 발표한 논문을 정리하였다. 그리고 국제적 상황에 부합하게 수출통제제도 내용을 추가하기로 했다. 거의 하루도 쉬지 않고, 책의 맺음말을 향해 달렸던 것 같다. 마침 겨울 방학이라 책 쓰기 아주 좋은 시기였다. 친구, 가족들과 최대한 거리를 두고 오로지 책에만 전념했다. 그때 함께하지 못했던 분들에게 이제야 미안하다는 말을 전한다.

미·중 간의 기술패권으로 시작된 각국의 경제안보 정책은 수출통제로 이어졌다. 수출통제는 수출을 금지하는 것이 아니라 주요 전략물자가 잘못 이용될까봐 관련 당국의 수출허가를 거치는 과정이다. 다시 말해서 무역이 안전하게 거래될 수 있도록 관리하는 것이다. 이 관리절차가 길어지면 다른 국가의 공급망에 차질을 끼치기 때문에 관련국들의 마음은 조급해진다.

이 책은 중국이 수출통제제도를 언제부터, 왜, 어떤 방식으로 진행하고 있

는지를 분석하고 있다. 중국의 수출통제제도를 분석하다 보니 우리나라 수출통제제도의 개선점도 보인다. 이 책은 중국의 복잡한 수출통제 법체계를 미국, 그리고 우리나라와 비교하면서 독자들의 이해를 돕고자 하였다. 이 책이 국제통상을 전공하는 학생들, 수출입 기업뿐 아니라 국책연구기관의 전문가들이 중국의 수출통제가 궁금할 때 펼쳐볼 수 있는 지침서가 되길 바란다.

중국의 법령은 매우 복잡하기 때문에 정확하고 일관된 용어를 사용해야 한다. 중국법의 특징을 책에 최대한 반영하려고 노력했지만 모자라는 부분은 앞으로 채워나갈 것이다. 그리고 이 책에는 대만의 수출통제제도도 다루었다. 대만의 수출통제제도까지도 다루어야 하나 고민했지만, 대만의 총통이 바뀌는 이 시점에 우리나라와 대만의 협력 분야는 수출통제라는 생각에 간략하게라도 추가하였다.

끝으로 이 책을 쓸 수 있도록 도와주신 전략물자관리원과 박영사에 감사드리며, 언제나 공부하는 나를 자랑스럽게 생각하시는 부모님과 가족들에게 고마움을 전한다.

2024년 3월
사랑하는 진주에서
류예리

차 례

CHAPTER 04

중국의 新수출통제제도 관련 법체계

CHAPTER 05

중국 新수출통제제도의 주요 내용

CHAPTER 06
대만의 수출통제제도 및 위반사례

CHAPTER 07
중국식 경제강압과 수출통제 활용

CHAPTER 08

중국의 경제강압에 대한 거버넌스 구축

CHAPTER 09

결론

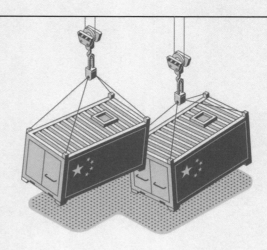

CHAPTER 01

서론

서론

2023년 12월 미국의 대외정책 전문지인 포린 폴리시(Foreign Policy)는 중국과 냉전을 이끄는 미국의 가장 중요한 부서는 국무부도 국방부도 아닌 상무부라고 평가했다.[1] 상무부는 현재 미국 중심의 공급망 재편과 수출통제제도에서부터 인공지능(AI)까지 미국 정책의 전반을 진두지휘하고 있다. 오늘날 첨단기술은 단순히 경제적 의미를 넘어 국가안보 차원에서 평가되고 있다. 미국은 이러한 첨단기술과 전략물자 관리를 위해 수출통제제도를 무기로 활용하고 있다. 바이든 행정부의 산업통상정책은 수출통제제도의 활용과 직결되어 있다고 해도 과언이 아니다.

바이든 행정부의 상무부를 이끄는 지나 러몬도(Gina Raimondo) 장관은 인공지능과 같은 신흥기술 분야에서 중국이 미국을 앞지르는 것을 막기 위해 수출통제를 강화해야 한다고 공개적으로 밝히고 있다.[2] 냉전 시대 서방국가들이 소련공산권에 대해 전략물자의 수출을 차단했던 것처럼 중국에 대해서도 대공

---

1) Foreign Policy, "Commerce Needs Cash to Curb China's Chips". December 8, 2023.
2) 러몬도 상무장관의 '레이건 국방포럼', 2023년 12월 2일, https://www.cnbc.com/video/2023/12/06/sec-raimondo-we-cant-let-china-access-sophisticated-cutting-edge-ai-chips.html

산권수출조정위원회(COCOM, 코콤)와 같은 국제수출통제체제를 적용해야 한다는 것이다. 앞으로 미국은 동맹국과 연대하여 중국의 기술굴기를 따돌리기 위한 신(新)코콤 체제를 본격적으로 추진할 것이다.

2023년 미국은 일본 및 네덜란드와 첨단 반도체 장비의 대중국 수출을 통제하기로 합의했고, 2024년 들어오면서 우리나라와 대만에도 정책 공조를 요청하였다. 신코콤은 이미 시작되었다. 제2차 세계대전 직후인 1949년 미국은 공산 진영의 확산을 막기 위해 코콤 설립을 주도했었다. 서방 진영의 전략물자가 공산권으로 이전되지 못하도록 공산 진영을 봉쇄하는 것이 코콤의 목적이었다. 군사 및 경제적으로 세계 최강 국가가 된 미국은 코콤 체제를 통해 사실상 양 진영 간의 상업적 거래를 차단시킬 수 있었다.

1990년대 들어 소련이 붕괴하면서 미소 냉전은 막을 내렸고, 1994년 코콤은 해산했다. 그러나 2년 뒤인 1996년 미국은 코콤을 대폭 축소시킨 형태의 바세나르체제(WA)를 확립했다. 오스트리아 빈에 본부를 두고 있는 바세나르체제는 러시아를 포함한 42개 국가가 회원국으로 참여하고 있다. 체제 자체가 구속력이 없고, 만장일치 의사결정 방식인 데다 러시아가 중국에 우호적이기 때문에 높은 수준의 수출통제조치를 채택하기 어렵다. 미국은 기회가 있을 때마다 바세나르체제의 문제점을 지적하고 있다.

러몬도 장관이 30여 년 전에 해체된 코콤을 오늘날 실정에 맞게 더욱 강화한 신코콤체제 도입 의사를 시사한 것은 예사롭지 않다. 과거 소련에 적용했던 수준의 수출통제로는 부족하고, 더욱 강화된 체제로 되살려야 한다는 것은 구소련보다 더 위협적인 국가가 존재한다는 의미이다. 트럼프 전 대통령과 바이든 대통령 모두가 중국을 적(enemy)으로 규정한 바 있다. 2018년 트럼프 전 행정부는 「수출통제개혁법(Export Control Reform Act)」 이하 'ECRA'를 제정하여 미

그림 1-1 바세나르체제 회원국

■ Participating State

국의 수출통제제도를 근본적으로 고쳤고, 현 바이든 행정부는 다양한 세부 조치를 도입하여 대중국 수출통제 정책을 강화시켰다.

여기서 간과하지 말아야 할 것은 냉전 시대와 달리 미국의 대외정책 환경이 좋지 않다는 것이다. 냉전 시대 미국의 국민총생산(GDP)은 세계 전체 GDP의 40%를 차지했지만, 지금은 그 절반 수준인 20%대로 줄었다. 당시에는 자유진영 국가들이 미국의 대외정책에 적극적으로 호응했다. 특히 제2차 세계대전 패전국인 일본은 물론이고 마셜 플랜(Marshall Plan)의 경제 원조를 받던 서유럽 국가들이 미국과 일렬 대오를 맞췄기에, 대공산권 봉쇄정책이 성공적으로 유지될 수 있었다. 1990년대 초 소련과 그 위성국가의 몰락에는 여러 가지 이유가 작용했겠지만, 코콤의 역할이 매우 컸다.

미국의 견제 대상인 중국은 세계 GDP의 17%를 차지하는 경제 대국이고, 전 세계 공급망에서 가장 많은 부분을 차지하는 국가이다. 무려 120개가 넘는 국가에게 중국은 제1위 무역 대상국이고, 미국의 글로벌 리더십이 축소되는 가운데 중국은 제3세계 국가를 이끌 수 있는 소프트파워를 확충했다. 중국은 현재 미국에 노(NO)라고 할 수 있는 세계 유일한 국가이다. 중국은 수출통제를 포함한 미국의 제재조치에 정면으로 맞대응하고 있다.

오늘날 미중 패권갈등으로 세계는 또 다른 분열, 신냉전 시대로 접어들었다. 앞으로 신냉전은 최소 10년 이상 지속될 것으로 보인다. 그 이유는 미중 어느 국가도 양보하지 않겠다는 의지가 강하고, 날이 갈수록 실제 정책에서 이러한 양상이 굳어지고 있기 때문이다. 포린 폴리시가 지적하였듯이 미국의 신냉전 시대의 주요 수단은 상무부의 수출통제제도이다. 미국의 수출통제정책의 주요 내용은 국내 언론에 실시간으로 소개되고 있지만, 이에 맞대응하는 중국의 수출통제제도는 잘 소개되지 않거나 잘못 전달되고 있다.

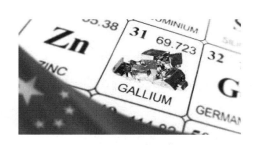

중국의 수출통제제도는 1994년 「대외무역법」에서 시작되었다. 국제무역체제에 순응하던 시절 중국은 국제적으로 문제가 되지 않는 선에서 제도를 규정했다. 하지만 최근 몇 년 사이 중국의 수출통제제도는 신(新)수출통제제도라고 할 수 있을 만큼 오히려 미국보다 더 강화하고 있다.

본서의 구성은 다음과 같다. 머리말에 이어 제2장에서는 경제안보 연혁을 살펴보면서 미중 경제안보 정책의 주요 수단이 바로 수출통제법과 제도라는 현상을 확인한다. 제3장에서는 이 책을 집필하게 된 이유, 즉 중국의 비(非)수출통제조치를 수출통제조치라고 오해하는 문제를 지적한다. 제4장에서는 중국의 신수출통제제도의 법체계를 살펴본다. 중국의 복잡한 법체계를 가급적이면 우리나라 법체계와 비교하면서 독자들의 이해를 돕고자 하였다. 제5장에서는 중국 신수출통제제도의 주요 내용을 다루고 있다. 바로 이 책의 핵심이다. 국내 수출통제 및 공급망 관련 기관과 수출입기업, 전문가들이 잘 활용했으면 한다. 제6장에서는 대만의 수출통제제도 및 위반사례를 살펴본다. 2024년 1월 라이칭더

(賴清德)가 대만 총통으로 당선되었고, 한국과의 협력 분야를 모색하고 있다. 수출통제 협력 방안이 곧 한국과 대만의 경제안보 협력 모델이 되어야 한다. 제7장과 제8장은 발표된 두 편의 논문을 수록하였다. 중국식 경제강압의 일환으로 활용되고 있는 수출통제조치를 살펴보고, 중국의 경제강압 대응 거버넌스 구축의 중요성을 강조한다.

본서 한 권만으로는 방대한 중국의 수출통제 법과 제도를 소개하는 데는 한계가 있다. 그래도 이 책의 발간을 서둘렀던 이유는 중국의 수출통제제도를 파악하지 않고는 올바른 대책을 세울 수 없을 뿐만 아니라 향후 글로벌 질서를 예측하는데도 오류를 범할 수 있기 때문이다. 우선 교과서 혹은 개론서로서 이 책을 발간하고, 더 깊이 있는 내용은 향후 발간될 후속작에 담고자 한다.

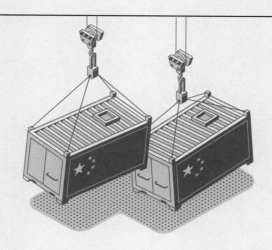

CHAPTER 02

미국과 중국의 경제안보 연혁

미국과 중국의 경제안보 연혁

▎ 중국의 과학기술 굴기

2015년 5월 8일 리커창 총리는 전국인민대표대회에서 '중국제조 2025(中国制造2025, Made in China 2025)'[1]를 발표하였다. '중국제조 2025'는 제조업을 발전시켜 국력 향상과 국가안보를 강화하여 중국이 세계강국이 된다는 전략이다. '중국제조 2025'에는 2045년까지 기술과 산업 분야에서 혁신 강국 대열에 진입한다는 중국 정부의 구체적인 목표와 전략이 단계별로 수립되어 있다.

〈그림-1〉에서 보듯이 '중국제조 2025'는 제조업 기반 육성과 기술 혁신, 녹색성장 등을 통해 중국의 경제 모델을 양적 성장이 아닌 질적 성장으로 바꾸겠다는 것이다. 예컨대 핵심 부품과 자재의 국산화율을 2020년까지 40%로 끌어올리고, 2025년에는 70%까지 달성하면서 10대 핵심산업[2]을 세계 최고 수준으로 끌어올리겠다는 목표를 설정하고 있다.[3] 그러나 미국의 시선에서 볼 때,

----

1) 중화인민공화국인민정부, "国务院关于印发《中国制造2025》的通知", 2015.5.8., https://www.gov.cn/zhengce/content/2015-05/19/content_9784.htm
2) 10대 핵심산업에는 차세대 정보기술, 로봇, 항공우주, 해양 공학, 고속철도, 고효율신에너지 차량, 친환경 전력, 농업기기, 신소재, 바이오가 포함.
3) 한겨레, "미국이 두려워하는 '중국제조 2025' 도대체 뭐길래?", 2019.10.19. https://www.hani.

그림 2-1 단계별 전략

1단계(2015~2025)
세계 제조업 대국 위상 강화
제조업 IT 경쟁력 대폭 향상
제조분야 혁신 능력 및 노동
생산성 향상
IT 간 융합을 통한 새로운
도약 추진

2단계(2026~2035)
제조 강국 중위 차지
핵심분야에서 큰 성과 취득
글로벌 시장에서의 경쟁력
향상

3단계(2036~2045)
혁신 강국 대열 진입
혁신 리딩 능력 강화
경쟁우위보유
전 세계적으로 선두 위치에 있는
기술 및 산업 시스템 구축

출처: 필자 정리

'중국제조 2025'는 바로 미국과의 패권경쟁에 공개적으로 도전하겠다는 중국의 산업고도화 혁신정책인 것이다.

II 트럼프의 공격

1. 트럼프의 미국 우선주의

2017년 12월 18일 트럼프 미국 행정부는 미국 우선주의(America First)를 가치로 삼은 국가안보전략(National Security Strategy) 보고서[4]를 발표했다. 보고서에는 미국민의 안전, 번영 및 이익을 우선시하겠다는 대외정책이 들어가 있다. 이에 따라 트럼프 미 전 대통령은 중국과의 불공정 교역이 미국의 국가안보산업 기반을 약화시키므로 불공정 교역을 시정하는 것을 국가안보 차원의 일로 규정하였다.[5]

---

co.kr/arti/international/china/839138.html

4) The White House, "National Security Strategy of the United States of America", December 2017, https://trumpwhitehouse.archives.gov/wp−content/uploads/2017/12/NSS−Final−12−18−2017−0905.pdf

5) 최원목, "국제협정에서의 경제안보 개념의 분석과 전망", 국민경제자문회의 용역 보고서, 2023, 5면.

2018년 4월 2일 미국은 중국산 제품 1,300개 품목에 25% 관세를 부과하였다. 미국 무역대표부(USTR)는 '중국제조 2025'와 같은 산업정책으로 혜택을 보고 있는 품목들을 추려낸 뒤 미국 경제와 소비자에 미치는 영향을 고려해 품목을 선정했다고 밝혔다. 미국의 관세 부과 조치는 중국이 미국을 제치고 세계 1위가 된다는 '중국제조 2025'를 정밀하게 타격한 것이다.

이는 또한 앞으로도 중국의 미래 성장 가능성을 주요 공격 대상으로 삼겠다는 확고한 의지를 대내외적으로 선포한 것이다.6)

2018년 4월 16일 미국 상무부 산업안보국(Bureau of Industry and Security, 이하 'BIS')은 미국법 위반을 이유로 중국 통신장비업체(ZTE)에 대한 미국 기업들의 수출입 거래를 전면 금지했다. 이에 중국 상무부는 미국 상무부가 취한 ZTE에 대한 수출규제 조치에 주의하고 있으며, 중국 기업이 해외 경영 때 현지 국가의 법률과 정책을 준수하고, 합법 경영을 하도록 일관되게 요구해왔다고 주장했다.7)

이후 2019년 5월부터는 안보를 이유로 세계 최대 통신장비업체인 화웨이가 미국의 제재대상이 되었다. 미국은 중국의 차세대 산업에 영향을 끼칠 5G 기술이 큰 위협이 되고 있으며, 그 선도 기업이 바로 화웨이라고 보았다. 화웨이는 세계 최대의 통신장비와 5G 장비 제조사이자 세계 2위 스마트폰 제조사이며, 인공지능 칩 제조, 빅데이터 등에서 영향력을 강화하고 있다.8)

마침내 2020년 6월 미국연방통신위원회(FCC)는 화웨이와 ZTE가 국가안보

---

6) 한겨레, "미국이 두려워하는 '중국제조 2025' 도대체 뭐길래?", 2019.10.19., https://www.hani.co.kr/arti/international/china/839138.html

7) 조선일보, "美, 북과 거래한 中 2위 통신장비업체 제재...中 '언제든 필요한 대응조치'", 2018.4.17., https://www.chosun.com/site/data/html_dir/2018/04/17/2018041701096.html

8) 이효빈 외 2인, "미·중 갈등으로 본 기술패권 전쟁: 트럼프는 왜 화웨이를 공격했는가?", 정치정보연구 제23권 제2호, 2020, 2면.

를 위협하는 기업이라 지정하고, 미국통신사업자에게 두 업체의 장비 구매에 연방정부 보조금 지급을 중단하라고 명령하였다. 이처럼 ZTE부터 화웨이까지 미국은 중국 기업에 대한 미국의 역외 관할권(extraterritorial jurisdiction)을 적용하였다.[9]

역외 관할권이란 어떤 국가가 자국의 영역 밖에서 벌어진 사건에 대하여 자국의 법을 적용하는 등 관할권을 행사하는 것을 말한다. 국가안보와 경제안보를 달성하기 위한 미국의 역외 관할권 적용은 이후 중국의 역외 관할권 적용으로 이어져 모든 국가는 독립된 주권이 보장된다는 국제법의 기본원칙과 상충되는 결과를 초래하고 있다.

미국의 ZTE 역외적용 사례[10]

ZTE는 2010년부터 2016년까지 미국에서 수입한 전자제품을 이란 통신사들에 재수출하면서 미국의 경제제재 규정에 따른 수출허가를 취득하지 않고 제3의 회사를 통하여 이란과 거래하였다. 미국 정부가 ZTE를 조사하자, ZTE는 허위 자료를 작성하여 미국 정부에 제출하였다. ZTE는 불법 행위를 인정하면서 2017년 약 11억 9천만 달러의 벌금을 내기로 합의하였다. ZTE는 중국 법인으로 미국 관할권 대상이 아니지만, 제3의 법인과 이란에 관련 통신장비를 수출하는 방법을 공모하여 미국 경제제재 규정의 규제 대상이 되었다. ZTE는 미국에 자회사가 있었지만, 이란에 통신설비 수출 사건에는 미 자회사의 개입이 없었던 것으로 보인다.

---

9) The JoongAng, "美 FCC, 화웨이 장비 퇴출 명령…'차이나텔레콤도 나가라'", 2020.12.11., https://www.joongang.co.kr/article/23943637#home
10) 양명석, "미국 경제 제재의 역외적용사례 및 관할권", SSRN, 2022, 41-42면.

2. 경제안보

2017년 12월 발표된 미국의 국가안보전략 보고서는 경제안보(economic security) 개념이 명시적으로 등장하며, 미국의 경제적 번영과 성장이 곧 자국의 국가안보(national security)와 직결된다는 점을 명시하였다. 이는 정책적 개념으로 법적 개념과는 거리가 멀다. 미국에서의 경제안보에 대한 법적 개념은 국토 안전을 위한 핵심영역 연구 및 개발(Homeland security critical domain research and development) 문제에 관한 국내법 조항인 6 US Code §474[11])에 정의되어 있다. 이 법은 미국의 경제안보의 핵심인 주요 기반시설, 기타 관련 산업, 기술, 지식 재산권 등에 대한 연구개발을 규정하고 있다.[12])

동 법에서는 경제안보를 "핵심적인 국가 가치를 보호하고 수용 가능한 생활 수준을 유지하는 데 필요한 글로벌 자원에 대한 안정적인 접근이 함께 결합되어 안전하고 회복력 있는 국내 생산 능력을 위한 조건(the condition of having secure and resilient domestic production capacity, combined with reliable access to the global resources necessary to maintain an acceptable standard of living and to protect core national values)"으로 정의하고 있다. 따라서 이 정의로부터 경제안보 개념을 규정하기 위해서는 첫째, 핵심적인 국가 가치 보호 및 생활 수준 유지, 둘째, 핵심 자원에 대한 접근, 셋째, 국내 생산 능력이 필요하다.[13])

3. 수출통제 넘어 수출금지

미국의 경제안보 정책은 수출통제로 이어졌다. 미국 BIS는 2019년 5월 화웨이와 68개 자회사를 「수출통제 명단(entity list)」에 추가하면서 미·중 간의 기

---

11) U.S. Code § 474 - Homeland security critical domain research and development "6 U.S. Code § 474 - Homeland security critical domain research and development, economic security (2) Economic security The term "economic security" means "
12) 최원목, 앞의 보고서, 8-10면.
13) 상동

술 냉전은 경제안보 측면에서 본격적으로 시작되었다. 예컨대 미국의 「수출관리법(Export Administration Act)」(이하 'EAA')에 따라 승인된 수출통제 명단은 특정 기업의 미국 기술 사용을 제한하기 위해 제정된 것이다. 이처럼 미국이 '법령'을 통해 시행한 단순한 제한조치는 당시 세계 최고의 스마트폰 제조사인 화웨이에 큰 타격을 입혔다.

2020년 5월 BIS는 미국 반도체의 화웨이 공급을 차단하기 위해 「해외직접생산품규칙(Foreign-produced direct product Rule)」(이하 'FDPR') 규정을 개정하였다. 이 개정안은 화웨이가 미국 소프트웨어 또는 기술에서 개발 또는 생산된 외국산 칩을 미국과 유사한 수준으로 획득하는 것을 제한하고 있다. 이에 따라 미국은 21개국에 있는 38개 화웨이 계열사가 미국의 국가안보 또는 외교정책 이익에 반하여 화웨이를 대신하여 활동할 위험이 크기 때문에 수출통제 명단에 추가하였다.[14]

바이든 대통령은 트럼프 전 행정부 시절보다 중국에 대한 제재를 더욱 강화하였다. 2022년 10월 BIS는 중국 반도체 생산 기업으로의 미국산 첨단반도체 장비 판매를 금지했다. 나아가 2023년 1월 BIS는 화웨이와 거래 중인 인텔, AMD와 같은 미국 기업들에게 수출허가를 발급하지 않겠다는 뜻을 전달했다. 미 정부의 이러한 정책은 미국 기업들의 화웨이 수출을 원천적으로 차단하게 되는 결과를 초래한다.[15]

2024년 2월 미국은 중국 화웨이의 최신 스마트폰에 놀라움을 표시하며 화

---

14) 조선일보, "美 바이든 정부, 반도체 대중수출 제재 예상", 2022.10.5., https://www.chosun.com/international/us/2022/10/05/7LM7P672WBHJRE3OOMPO64LXKI/
15) 한국경제, "바이든, 中화웨이에 수출 전면 금지", 2023.1.31., https://www.hankyung.com/article/2023013154091

웨이에 반도체를 공급하는 중국 SMIC를 상대로 거래 규제에 나섰다. 2023년 10월 지나 러몬도 미 상무부 장관도 상원위원회에 출석하여 믿을 수 없을 정도로 충격적이라면서 대중 수출통제 집행 강화를 위한 추가 지원이 필요하다고 언급했다.[16]

4. 미국 대선 이후

최근 미국 인구조사국(US Census Bureau)의 보고서에 따르면, 미국의 수입 상품에서 중국이 차지하는 비중은 2006년 이후 최저 수준으로 떨어졌다.[17] 2018년 트럼프 전 대통령의 미국 우선주의로 시작된 대중국 고율 관세, 첨단 부품의 수출통제 및 금지의 결과가 〈그림 2-2〉에서 알 수 있듯이 수치로 나타나는 양상이다.

2024년 11월 미국 대선에서 바이든 대통령과 트럼프 전 대통령 중 누가 당선되더라도 미국의 대중국 고율 관세 및 수출통제 및 금지를 통한 압박은 지금보다 더욱 정교해지고 복잡해질 것이며, 이에 따른 미국에서의 중국산 수입 비중은 더욱 줄어들 것이다. 도널드 트럼프 전 대통령은 재집권하면 중국산 제품에 대한 최혜국 대우 관세를 취소하는 등 사실상 중국과의 디커플링(decoupling)에 나서겠다는 취지의 발언을 벌써부터 쏟아내고 있다. 조 바이든 대통령도 지지층의 반중 정서를 의식해 중국에 대한 통상 압력을 높이고, 한국·일본 등 우방국에 추가적인 대중국 봉쇄 조치 동참을 압박할 것이다.[18]

---

16) 한국경제, "화웨이 최신 스마트폰에 놀란 미국…'中 SMIC와 거래 규제'", 2024.2.22., https://www.hankyung.com/article/202402222254Y

17) Matthew Boesler, "China's Share of US Imports Falls to Lowest Since 2006", 2023.9.7., https://www.bloomberg.com/news/articles/2023-09-06/china-s-share-of-us-imports-falls-to-lowest-level-since-2005

18) 서울경제, " 차이메리카 붕괴 속 中 공급망 요새화로 美 반격…"韓 초격차 기술 필요", 2024.2.21., https://www.sedaily.com/NewsView/2D5G3G3V14" https://www.sedaily.com/NewsView/2D5G3G3V14

그림 2-2 미국의 중국산 수입 비중(단위: %)

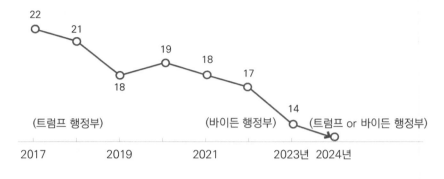

출처: 서울경제[19] 참고하여 필자 수정

III 시진핑의 반격

1. 시진핑 주석과 법가사상

시진핑 주석은 한비자(韓非子)의 말을 즐겨 인용한다. 한비자는 중국 전국시대 말엽에 활약했던 법가(法家) 철학자이다. 한비자의 정치철학은 엄격한 법치를 통해 부국강병을 이룩하는 데에 목적이 있었다. 전국시대의 법가는 당시 전쟁과 혼란으로 인한 백성의 고통은 오로지 법과 법의 실행이 유일한 길이었다.[20]

---

19) 서울경제, "바이든·트럼프 누가 이겨도 中은 '패배자'… "대중 압박 강화될 것", 2024.2.13., https://www.sedaily.com/NewsView/2D5CG1AMFC/GF0101?utm_source=dable", https://www.sedaily.com/NewsView/2D5CG1AMFC/GF0101?utm_source=dable

20) Hong Kong Free Press, "The Chinese Hobbes—Xi Jinping's favourite philosopher", 13 June 2016, https://hongkongfp.com/2016/06/13/chinese—hobbes—xi—jinpings—favorite

이는 시진핑 시대 중국공산당이 전면적으로 내세운 의법치국(依法治國)과 종엄치당(從嚴治黨)을 앞세우는 것과 맥을 같이 한다.21) 그러나 아이러니하게도 시진핑 주석이 집권하기 시작한 2013년은 전쟁도 혼란도 없었던 태평성대였다. 국제통상 질서의 중심축인 세계무역협정과 자유무역협정을 기반으로 중국은 일본을 제치고 처음으로 G2로 부상하던 시기였다. 시진핑 주석은 왜 의법치국, 즉 법의 지배(rule of law), 나아가 법에 의한 지배(rule by law)를 강조할까?22)

2. 경제안보 합법화 및 제도화 추진

2019년 5월 BIS가 화웨이와 다른 여러 중국 기술 회사를 수출통제 명단 (entity list)에 추가하면서 미·중 간의 기술 냉전은 경제안보 측면에서 본격적으로 시작되었다. 예컨대 미국의 EAA에 따라 승인된 수출통제 명단은 특정 기업의 미국 기술 사용을 제한하기 위해 제정된 것이다. 이처럼 미국이 '법령'을 통해 시행한 수출통제조치는 당시 세계 최고의 스마트폰 제조사인 화웨이에 큰 타격을 입혔다.

이에 중국은 미국의 화웨이를 수출통제 명단에 추가한 행위에 맞서 2020년 9월 「신뢰할 수 없는 기업 목록(Unreliable Entity List)」을 제정하여 미국의 조치에 정면으로 대응했다. 2020년 들어 중국 정부도 미국과 중국 간의 기술 냉전 상황이 심각함을 자각하고, 경제안보를 추구하는 전략적 대응방안으로 법령을 제정하고 개정하기 시작했다. 이처럼 중국의 경제안보를 위한 입법정책 방향은 미국

- philosopher/

21) The JoongAng, "시진핑의 중국, '디지털 법가주의'로 간다", 2021.7.2., https://www.joongang. co.kr/article/24096800#home

22) Hong Kong Free Press, Ibid.

과 평행하게 움직이고 있으며, 입법의 목적 및 영향 또한 미국과 매우 유사하다.

중국은 경제안보 조치를 합법화하고 제도화하기 위하여 더욱 강한 입법정책을 수립하고 있다. 최근 중국에서는 경제안보를 다루기 위하여 좀 더 체계적이고 제도적인 체계를 수립할 필요가 있다는 의견이 강조되고 있다. 그 이유는 경제안보의 위협은 산업, 기술, 정보통신, 식량, 에너지를 포함한 여러 분야에 걸쳐 있어 중국은 부처 간 협력과 협조가 필요하기 때문이다.[23] 최근 중국은 경제안보의 도구로서 법제화를 더욱 확대하고 있다. 시진핑 주석은 법적 무기 (legal weapons)를 사용하여 외국을 상대로 투쟁할 것을 촉구한 바 있다. 이에 지난 몇 년간 중국은 〈표 2-1〉과 같은 수많은 법령을 경제안보를 목적으로 폐지, 개정 및 제정하였다.[24]

표-2-1 중국의 경제안보 관련 법률

시행 연도	법령	주요 내용
2020.1.1.	외국인투자법	• 기존의 외자삼법(중외합자경영기업법, 중외합작경영기업법, 외자기업법) 통폐합 • 국가안보에 영향을 끼칠 수 있는 투자를 선별하기 위한 외국인 투자 검토 메커니즘 규정
2020.12.1.	수출통제법	• 국가안보와 이익에 반하는 품목, 기술 및 서비스의 수출금지 및 수출통제조치 • 국가안보와 이익에 해를 끼치는 외국에 보복조치 가능
2021.9.1.	데이터안전법	• 데이터 수출, 저장, 보호 및 현지화 규율 • 국가안보에 잠재적 영향에 대한 데이터의 분류 설정
2021.6.10.	외국의 중국제재 방지에 관한 법률 (반외국제재법)	• 중국의 국민이나 기업(조직)에 차별적인 조치를 할 경우, 중국이 직간접적으로 해당 조치의 결정이나 실시에 참여한 외국의 개인·조직을 보복행위 명단에 추가할 수 있음. • 블랙리스트에 포함된 개인·조직에는 중국 입국과 체류 제한, 중국 내 자산 동

23) Audrye Wong, China's Perspective on Economic Security, January 4, 2024, p.80, https://docs.google.com/viewerng/viewer?url=https://keia.org/wp-content/uploads/2024/01/Korea-Policy-Vol1-Iss3_Audrey-Wong.pdf

24) QUARTZ, "China is sharpening its lawfare weapones to target foreign companeis", June 30, 2023, https://qz.com/china-is-sharpening-its-lawfare-weapons-to-target-forei-1850596198

시행 연도	법령	주요 내용
		력, 중국 기업·조직·개인과의 거래 금지 등의 조치가 가능함. • 중국 내 어떠한 조직이나 개인도 외국의 차별적인 조치를 집행하거나 이에 협조해서는 안 된다고 명시했으며, 법을 위반해 중국 국민과 조직의 정당한 이익을 침해한 경우 관련 법에 따라 인민법원에 소송을 제기해 손해배상을 청구할 수 있도록 규정함.
2021.11.1.	개인정보보호법	플랫폼을 활용하는 온라인 기업, 전자상거래 기업, 은행 등 금융기관, 게임회사, 메타버스 관련 기업, 소비자를 대상으로 휴대폰 앱을 활용하는 기업, 인공지능을 활용하는 자율주행 자동차 등 제조 및 소프트웨어 기업, 빅데이터 및 클라우드 컴퓨팅 기업, B2C기업뿐 아니라 B2B기업에 이르기까지 전반적인 산업계에 큰 영향을 미칠 것임
2022.1.1.	과학기술진보법 개정	기술에 초점을 맞춘 기초연구 역량 강화조항 신설
2022.12.30.	대외무역법 개정	수입 및 수출 할당량과 면허증 부과
2023.7.1.	반간첩법개정	국가 기밀정보에 대한 간접행위를 국가안보 위협으로 간주하고 이를 예방·처벌하는 법률
2023.7.1.	대외관계법	중국의 주권, 안보, 발전 이익을 위협하는 외국의 조치에 맞대응할 국내법적 근거 마련
2024.2.26.-27.	국가기밀보호법 개정	정치·경제·국방·외교 및 기타 분야에서 국가안보와 이익을 해칠 수 있는 내용을 국가기밀로 규정

출처: 필자 정리

3. 수출통제 입법 강화

시진핑 주석의 '법에 의한 지배'는 수출통제 분야에서 명확히 나타난다. 중국은 미국에 맞대응하기 위하여 수출통제 법체계를 완비하고 제도를 현대화하고 있다. 예컨대 미국 정부가 수출통제 명단을 확대하는 등 대중 제재를 강화함에 따라, 중국은 미국의 화웨이를 수출통제 명단에 추가한 행위에 맞서 2020년 9월 「신뢰할 수 없는 실체 목록」을 제정하여 미국의 조치에 대응했다. 2023년 5월 중국은 미국의 마이크론 제품 구매를 금지하는 금지령을 내렸으며, 2023년 7월과 8월에는 갈륨·게르마늄과 드론에 임시수출통제조치를 채택하였다. 이처럼 중국 정부도 미국과 중국 간의 기술 냉전 상황이 심각함을 자각하고, 경제안보를 추구하는 전략적 대응방안으로 수출통제 법령을 제정하고 개정하기 시작했다(〈표 2－2〉).

표 2-2 중국의 미국 대응 수출통제 입법 및 정책 연혁

시행 연도	미국	중국	
1917	적성국교역법 (Trading with the enemy Act(TWEA))		
1949	수출통제법(Export Control Act(ECA)) 제정		
1959	해외직접생산품규칙 (Foreign Direct Product Rule(FDPR)) 제정		
1969	수출관리법(Export Administration Act(EAA)) 제정. 1976년 만료		
1977	국제긴급경제권한법(International Emergency Economic Powers Act(IEEPA)) 제정		
1979	수출관리법(Export Administration Act(EAA)) 제정. 1994년 폐지. 현 수출관리규정(Export Administration Regulation(EAR)) 근거 법령		
1994	군용품목은 무기수출통제법(Arms Export Control Act(AECA))에 의해 수출통제시스템 정비	대외무역법(수출통제 규정 포함)	
2001	9.11 테러 발생. 수출통제를 WMD 확산을 방지하는 핵심 수단으로 활용	WTO 가입	
2010		• 중국 G2 부상 • 중국-대만(국민당) ECFA 체결	
2012	국방수권법(National Defense Authorization Act(NDAA)) 제정		
2013		시진핑1기	• 시진핑 집권 1기 • 중국국가안전위원회 설립
2015			• 중국제조 2025 발표 • 신국가안전법 제정
2016			• 수출통제법 입법계획 발표 • 중국-대만(민진당) ECFA 폐기 • 대만 신남향 정책 제시
트 2017	• 국가안보전략(National Security Strategy)보고	• 수출통제법 초안 마련(2017 버전)	

시행 연도		미국	중국
럼 프		서25) 발표 • ZTE 불법행위에 대한 벌금 부과	• 국가기술이전체계건설방안 발표 • 차세대인공지능발전계획 발표
	2018	• 중국산 제품 1300개 품목에 25% 관세 부과 • 중국 ZTE에 대한 미국 기업들의 수출입 거래 전면 금지 • 수출통제개혁법(Export Control Reform Act(ECRA)) 제정. EAA와 달리 영구법령. 중국을 견제하는 강력한 수단으로 수출통제조치 활용 • 외국인투자위험심사현대화법(Foreign Investment. Risk Review Modernization Act(FIRRMA) 제정 • 민감기술에 대한 다자간 행동계획(Multilateral Action on Sensitive Technology(MAST)) 출범 • 대만여행법(Taiwan Travel Act) 제정	시진핑 2연임
	2019	화웨이 본사 및 자회사 등 총 69개사를 수출통제 명 단(entity list)에 등재	• 수출통제법 초안 수정(2019 버전) • 5,000개 이상의 미국 제품에 보복관세 5~25% 부과
	2020	• 국무장관 마이크 폼페이오 "중국을 프랑켄슈타인에 비유, 중국을 WTO에 가입시킨 것은 잘못된 정책 이라고 비판" • FDPR 개정 • EAR 개정 • 화웨이와 ZTE가 국가안보를 위협하는 기업이라고 지정하고, 미국통신사업자에게 두 업체의 장비 구 매에 연방정부 보조금 지급 중단 • SMIC 수출통제 명단에 등재 • 쿼드(Quadrilateral Security Dialogue(Quad)) 출범 • 백악관 핵심첨단기술 국가전략(National Strategy for Critical and Emerging Technology) 발표 • 핵심첨단기술목록(Critical and Emerging Technology(CET)) 목록 발표	• 수출통제법 제정 • 외국인투자법 제정 • 신뢰할 수 없는 기업 목록 • 대기업·중소기업 간 융통발전 행동계획 • 중공중앙의 국민경제와 사회발전 제14차 5 개년 규획
바 이 든	2021	• 36개 중국 기업 수출통제 명단에 등재(양쯔메모리테 크놀로지(YMTC), 상하이마이크로일렉트로닉스(SMEE), 중국항공공업집단공사(AVIC) 산하 연구소, 중국전자 과기그룹(CETGC), 파이티움테크놀러지 등)	• 데이터안전법 제정 • 반외국제재법 제정 • 개인정보보호법 제정 • 과학기술진보법 개정

(시진핑 2연임 표기는 2019~2020 구간에 세로로 걸침)

시행연도	미국	중국
	• 위구르강제노동방지법(Uyghur Forced Labor Prevention Act(UFLPA)) 제정 • 미국혁신경쟁법(United States Innovation and Competition Act(USICA)) 제정 • 인프라투자 및 일자리법(Infrastructure Investment and Jobs Act(IIJA)) 제정 • Five Eyes + 3 체제 출범	• 외국인투자 안전 심사방법 • 외국 법률·조치의 부당한 역외적용 저지방법 • 신뢰할 수 없는 실체명단 규정 • 기초연구 10년 행동방안 • 희토류 관리 조례(의견수렴안) • 이중용도 품목 수출경영자의 수출통제 내부 규정준수 메커니즘 구축에 관한 상무부 지도 의견
2022	• 국가안보전략보고서[26] 발표 • 반도체 및 과학법(CHIPS and Science Act) 제정 • 미국경쟁법(America Competes Act(ACA)) 제정 • 인플레이션감축법(Inflation Reduction Act(IRA)) 제정 • EAR 개정 • 상무부 잠정최종규칙(Interim Final rule) 발동 • 대중 반도체 수출통제 강화 조치 발표. 중국 반도체 생산 기업으로의 미국산 첨단반도체 장비 판매 금지 • 미국-일본 디지털 무역협정(US-Japan Digital Trade Agreement(DTA)) • 핵심첨단기술목록(Critical and Emerging Technology(CET)) 목록 갱신 • 미국 내 외국인 투자심사에 대한 가이드라인 • 펠로시 미 하원의장 대만 공식 방문 • Chip 4 동맹 결성 제안	시진핑 3연임 • 시진핑 3연임 • 대외무역법 개정 • 백만장기 프로그램 • 이중용도 품목 수출통제 조례(의견수렴안) • 미국의 반도체 수출통제 WTO 제소
2023	• EAR 개정 • 기존의 대중 반도체 수출통제 강화 확대 보완 조치 • 화웨이와 거래 중인 인텔, AMD와 같은 미국 기업에 수출허가를 발급하지 않겠다는 뜻을 전달 • 백악관 핵심첨단기술에 대한 미국의 기술표준 주도 전략(National Standards Strategy for Critical and Emerging Technology(NSSCET)) 발표	• 반간첩법 개정 • 대외관계법 제정 • 미국 마이크론 제품 구매 금지 • 갈륨·게르마늄·흑연·드론 임시수출통제 • 과학기술부 재편 • 중앙과학기술위원회 신설 • SMIC 7나노 공정 기술 확보
2024	• 화웨이에 반도체를 공급하는 중국 SMIC 거래 규제 • 대러시아 제재에 중국·홍콩 기업 14개 포함 • 상무부 장관 지나 러몬도 "중국의 인공지능 등 첨	• 이중용도 품목과 기술 수출입허가증 관리 목록 • 중국 수출금지 및 제한기술 목록

시행연도	미국	중국
	단기술 차단 위해 동맹과 엄격한 수출통제 공조 필요, 코콤과 같은 다자주의 접근 필요"	• 미국과 EU가 대러시아 제재에 중국·홍콩 기업 14개 포함시킨 것은 일방적 제재이자 확대관할, 경제적 강압이라고 반대 • 국가기밀보호법 개정

중국의 경제안보를 위한 입법정책 방향은 미국과 평행하게 움직이고 있으며, 입법의 목적 및 영향 또한 미국과 매우 유사하다. 특히 중국의 수출통제 법체계와 제도는 국가안보와 국가 이익 수호의 중요한 수단으로 활용되고 있다. 이제 중국은 기존의 법령을 부분적으로 개정하거나 완전히 새로 제정하여 이러한 법령을 근거로 산업정책을 추진하는 동력으로 삼고, 나아가 외교와 통상, 투자 정책에 적극적으로 반영하는 상호연계 구조를 보이고 있다.

4. 미국 대선 이후

2024년 11월 미국 대선에서 바이든 대통령과 트럼프 전 대통령 중 누가 당선되더라도 미국의 대중 압박은 더욱 강화될 것이며, 그 방식도 지금보다 정교해지고 복잡해질 것이다. 중국은 미국의 대중국 압박 강화에 대비하여 중국 중심의 국제협력 및 공급망구축에 대외경제정책역량을 집중할 것으로 보인다.[27]

첫째, 중국은 일대일로(一對一路)를 활용할 것이다. 일대일로 연선 국가에는

---

25) 1986년 레이건 대통령 재임 당시 의회에서 통과된 골드워터-니콜스 국방재조직법(Goldwater-Nichols Department of Defense Reorganization Act)에 의거, 미국의 대통령은 정기적으로 의회에 국가안보전략에 관한 보고서를 제출하도록 되어 있음. 트럼프 행정부는 국제질서를 경쟁적으로 인식하는 안보관을 바탕으로 중국에 대한 견제를 노골적으로 드러냄.

26) 전임 트럼프 행정부의 중국에 대한 경쟁적 안보 인식이 계승되었으나, 민주주의적 가치와 동맹국들과의 연대의 강조는 트럼프 정권의 미국 우선주의와의 차이점임.

27) 서울경제, "차이메리카 붕괴 속 中 공급망 요새화로 美 반격…"韓 초격차 기술 필요", 2024. 2.21., https://sedaily.com/NewsView/2D5G3G3V14", https://www.sedaily.com/NewsView/2D5G3G3V14

그림 2-3 중국 육상·해상 실크로드 '일대일로'

신흥 경제 대국과 중앙아시아의 자원 부국들이 집중돼 있다. 최근 글로벌 공급
망 불안정, 서방국가의 대중 견제가 심화하면서 연선국의 중요성이 점점 부각
되고 있다. 2024년 중국 양회(兩會)에서는 대외무역정책의 목표 중 하나가 지방
정부들의 일대일로 연선 국가와의 연결 강화가 제시되었다.[28]

둘째, 중국은 메가 FTA에 참여 확대를 통한 새로운 국제통상 질서 구축에
도 적극적으로 나설 예정이다. 이 역시 미국의 중국 견제에 대응하기 위한 중국
의 대외무역정책 중의 하나다. 중국은 2023년 6월 역내포괄적경제동반자협정
(RCEP)이 전면적으로 발효된 이후 중국 중심의 역내 가치사슬 구축을 서두르고
있다. 2021년 9월에는 포괄적·점진적 환태평양경제동반자협정(CPTPP) 가입도
신청한 상태다. 이는 다자간 무역협정을 통하여 서방국가들과는 무역분쟁을 피
하고, 공급망 불안정 시 협력국도 확보하겠다는 전략으로 보인다.[29]

---

28) 코트라, "2024 중국 양회로 보는 중국 경제 6대 관전 포인트", 2024.3.4.,
https://dream.kotra.or.kr/kotranews/cms/news/actionKotraBoardDetail.do?SITE_NO=3&
MENU_ID=80&CONTENTS_NO=2&bbsGbn=242&bbsSn=242&pNttSn=212758

그림 2-4 RCEP과 CPTPP 회원국

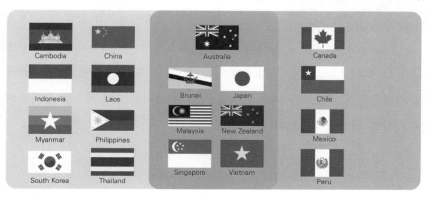

출처: 한인포스트30)

셋째, 중국은 미국 중심의 공급망 재편에 맞서 부품 조달부터 완제품 생산까지 완료하는 홍색공급망(Red Supply Chain)을 구축하고 있다. 홍색공급망이란 중국 정부가 주도하는 대기업과 중소기업 간 협력 생태계를 구축하여 자국산 중심의 공급체인망을 만들겠다는 것이다. 홍색공급망 구축에는 첨단산업과 전통산업 모두 포함된다. 중국 정부는 홍색공급망 구축을 위해 2019년 「대기업·중소기업 간 융통발전 행동계획」과 2022년 백장만기(百場萬企) 프로젝트를 수립하여 운영하고 있다.31) 백장만기란 산업 연계 차원에서 대기업과 중소기업을 연계하는 정책을 말한다.

이외에도 동남아시아국가연합(ASEAN), 멕시코 등 제3국에 제조업 공장을

29) 상동.

30) 한인포스트, "RCEP vs CPTPP, 그 의미와 영향", 2022.1.15., https://haninpost.com/archives/49641

31) KITA, ""홍색공급망 구축하라"… 중국 '융통발전·백장만기' 주목", 2023.7.16., https://www.kita.net/board/totalTradeNews/totalTradeNewsDetail.do?no=%2076631&siteId=1

설립한 뒤 고부가가치 제품을 조립·수출하는 우회 수출방식이 증가할 것이다. 중국의 우회 수출이 늘면서 중국의 해외직접투자(Overseas Direct Investment, 이하 'ODI')도 2024년 세계 2위 자리에 복귀할 것이라는 전망이 있다. 중국의 ODI 가운데 아세안이 차지하는 비중은 2010년 6.4%에서 2022년 11.4%로 급증했다. 멕시코에 대한 중국의 ODI도 두 배로 늘었다.[32] 중국의 기업들은 일대일로와 메가 FTA를 통하여 해외로 지속적으로 투자하여 새로운 기회를 찾으려 할 것이다.

---

32) 서울경제, 상동.

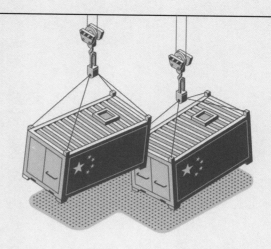

중국의 수출통제조치와 비(非)수출통제조치

중국의 수출통제조치와 비(非)수출통제조치

Ⅰ 대증하약(對症下藥)

관련 기사 1

3일 정부와 업계에 따르면 한국의 관세청에 해당하는 중국 해관총서는 최근 중국 현지 기업들이 한국으로 보내는 요소의 통관을 막았습니다.

수출 심사를 마친 뒤 선적 단계에서 통관이 보류된 것으로, 보류된 기업 중에는 국내 대기업도 포함된 것으로 알려졌습니다.

정부는 지난 1일 중국 측에 구체적인 사실관계를 파악해줄 것을 요청했지만, 아직 중국 정부의 공식 답변은 없는 상태입니다.

정부 내에서는 중국의 이번 요소 통관 보류와 관련, 정식 수출통제 성격보다는 중국이 자국 내 수급 상황을 감안한 조치 아니냐는 추측이 나옵니다.

다만 2년 전인 2021년 하반기 중국이 호주와의 무역분쟁을 겪으면서 요소 수출을 제한했고, '나비효과' 격으로 국내 요소수 품귀 현상이 일어나 물류가 마비 직전까지 갔던 점을 고려해 정부는 관련 상황을 면밀히 파악 중입니다.

출처: SBS biz[1]

---

1) SBS Biz, "요소수 대란 2년만 또? 설마?…중국, 수출 일부 중단", 2023.12.4., https://biz.sbs.co.kr/article/20000146809

2023년 12월 8일 중국의 거시경제 주무 부처인 국가발전개혁위원회는 인산암모늄에 대한 수출 검사를 중단하라고 지시했다. 그러자 우리나라 언론은 중국이 산업용 요소와 함께 화학비료의 원료인 인산암모늄도 "수출통제" 한다고 일제히 보도하였다.

관련 기사 2

중국이 산업용 요소뿐만 아니라 화학비료의 원료인 인산암모늄도 수출통제 중인 것으로 확인됐다.

7일 중국 화학비료업계 전문 매체인 중페이왕에 따르면 중국 거시경제 주무 부처인 국가발전개혁위원회(이하 위원회)는 지난 11월 초순께 인산암모늄에 대한 수출 검사를 중단했다.

위원회는 추후 검사 재개 시기를 별도로 공지하기로 했다.

출처: 뉴시스[2]

그런데 중국 당국이 산업용 요소 통관을 보류하고, 인산암모늄의 신규 수출 절차를 중단한 것을 과연 수출통제라고 할 수 있는가? 중국 정부가 채택한 어떤 경제 조치가 「수출통제법」에 의거한 수출통제조치가 아님에도 불구하고, 수출통제조치라고 판단할 경우, 이는 중국의 수출통제가 무엇인지 정확히 알지 못한다는 뜻이며, 우리 정부의 대응 정책 및 조치도 정확한 처방을 쓰고 있다고 할 수 없다. 본 장(章)은 중국의 수출통제조치가 무엇인지 정확히 이해하여야 그 대응방안도 효과적이라는 측면에서 비수출통제조치와 비교하면서 작성하고자 한다.

---

2) 뉴시스, "중국, 요소 이어 화학비료 원료 인산암모늄도 수출통제", 2023.12.8., https://mobile.newsis.com/view.html?ar_id=NISX20231208_0002550815

국가안보를 위한 중국의 경제 조치

1. 국가안보

그림 3-1 국가안보 달성을 위한 중국의 경제정책 및 조치

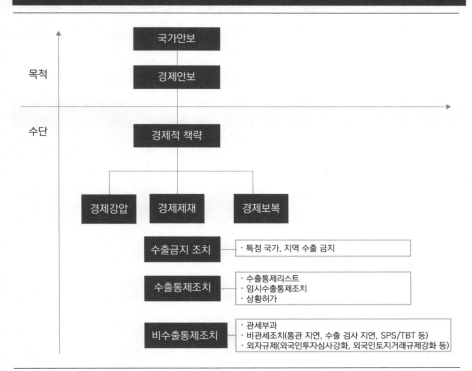

출처: 필자 정리

1) 중국 국가안보관의 변화

중국의 국가안보관은 시대에 따라 변화해 왔다.[3] 마오쩌둥 시기 중국의
국가안보관은 군사안보 중심의 전통적인 안보관이었다. 덩샤오핑 시기에는 경

---

3) Chieh Huang, "China's take on National Security and its implications for the evolution
of international economic law", Legal Issues of Economic Integration, Vol.48, Issue 2,
2021, pp.3－9.

제안보 등을 포괄하는 종합안보로 변화되었다. 1990년대 중반 냉전이 종식된 이후부터는 비전통적 안보도 포함하며 국제안보협력을 강조했다. 시진핑 주석이 집권한 시기에는 총체적 국가안보관(总体国家安全观, Comprehensive National Security)이 제시되었다. 총체적 국가안보관은 대내외적 불안요소들에 효율적이고 종합적으로 대응해야 한다는 인식에서 비롯된 것이다. 즉 중국의 경제가 급속히 성장하고 국력이 상승하면서 국제사회에서 직면하고 있는 다양한 안보위협에 효과적으로 대응하기 위해서이다.4)

표 3-1 중국 국가안보관의 변천

마오쩌둥 시기	덩샤오핑 시기	냉전 종식 이후	시진핑 시기
군사안보 중심의 전통적인 안보관	경제안보를 포괄하는 종합안보	비전통적 안보도 포함하는 국제안보협력	총체적 국가안보관

출처: 필자 정리

2) 총체적 국가안보관

시진핑 주석 집권 1기이던 2014년 4월 15일 중앙국가안전위원회 제1차 회의에서 시진핑 주석은 총체적 국가안보관 개념을 제시하였다.5) 총체적 국가안보관은 정치, 국토, 군사, 경제, 문화, 사회, 과학, 정보, 생태, 자원, 핵, 해외이익, 생물, 우주, 심해, 극지 등 16가지 안보 유형을 하나로 통합하고, 비전통적 안보와 공동안보를 강조함으로써 안보의 개념을 확대하고 다양한 국내외 안보 이슈에 효율적으로 대응할 수 있는 관리체계를 체계화하는 것이다. 이후 총체적 안보관은 국가안보를 총괄하는 안보관리체계인 중앙국가안전위원회(中央国家安全委员会) 설립으로 실체화되었고, 2015년 「신국가안보법(新国家安全法)」 조항

---

4) 장지아·이장원, "'중앙국가안전위원회'를 통해 본 시진핑의 국가안보관", 한중사회과학연구, 제17권 제1호, 2018, 175-176과 194-195면.
5) "习近平：坚持总体国家安全观走中国特色国家安全道路", 新华网, 2014年04月15日, http://news.xinhuanet. com/politics/2014-04/15/c_1110253910.htm(검색일: 2024.2.16).

그림 3-2 총체적 국가안보관

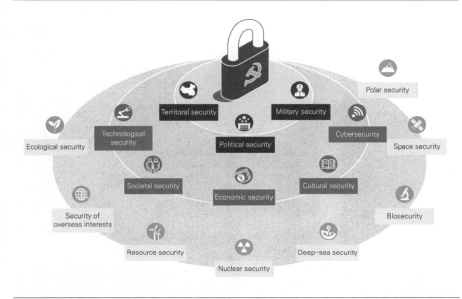

출처: MERICS[6]

을 통해 법제화되었다.

(1) 중앙국가안전위원회 설립

2013년 11월 13일 제18차 중국공산당 전국대표대회 중앙위원회 제3차 전체회의에서는 중앙국가안전위원회의 설립을 결정하였다. 중앙국가안전위원회는 시진핑의 총체적 국가안보관에 기반하여 통일적인 국가안보관리체계 강화를 목적으로 설립되었다. 중앙국가안전위원회는 안보 관련 업무에 있어서 협조와 조정 역할을 하지만, 단순히 협조하는 기구가 아닌 공산당 최고지도부가 주도하는 핵심적인 국가안보 총괄 조직이다.[7]

....

6) Helen Legaarda, "China's new international paradigm: security first", MERICS, Jun 15, 2021, p.58.
7) 김순수, "중국의 '중앙국가안전위원회' 설립에 관한 연구", 민족연구, 63호, 2015, 5 − 35면,

그림 3-3 중앙국가안전위원회

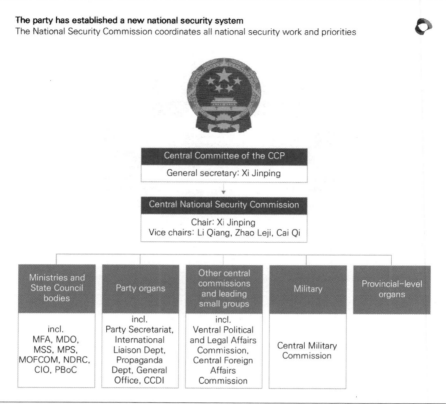

The party has established a new national security system
The National Security Commission coordinates all national security work and priorities

출처: MERICS[8)]

(2) 신국가안전법 제정

총체적 국가안보관은 2015년 제정된 「신국가안전법」 제3조 "중국의 국가 안보 분야 업무는 총체적 국가안보관으로 관철해야 한다"는 규정을 통해서 법 제화되었다. 「신국가안전법」은 국가안보를 정권과 주권, 통일, 완전한 영토, 인 민복지, 경제·사회의 지속 가능하고 안정적인 발전, 국가의 주요 이익이 국내

----

8) Ibid, p.56.

외 위협에 처하지 않는 상태라 정의하고 있다. 이어 2017년 10월 18일 개최된 제19차 중국공산당 전국대표대회에서는 총체적인 국가안보관 견지를 「시진핑 신시대 중국 특색 사회주의 발전의 14개 기본방략」 중의 하나로 규정했다. 이것은 총체적 국가안보관을 국가의 통치 이념으로 규정한다는 것을 의미한다.

2. 경제안보

1) 경제안보 용어의 사용

중국에서 경제안보라는 용어는 총체적 국가안보관의 16개 안보 분야 중의 하나로 포함된다. 이외에도 다양한 버전의 경제안보에 대한 중국학자들이 내린 개념 정의가 존재한다. 이처럼 중국에서의 경제안보라는 용어와 개념은 중국학자들과 정책 입안자들에게 낯설지 않다. 다만 중국에서의 경제안보는 국제 환경의 변화와 중국의 경제적, 지정학적 상황으로 인해 강조점, 우려 사항, 우선순위가 시간이 지남에 따라 그 개념과 범위는 변화해 왔다.[9]

이처럼 경제안보의 개념과 범위가 학자, 기관, 국가, 시대마다 다르게 정의되는 가운데, 2020년 12월 중국 정부가 발표한 〈국민경제사회발전 제14차 5개년 규획(2021－2025)〉(이하 '규획')[10]에서 밝힌 중국의 경제안보에 주목할 필요가 있다. 규획 제53장에서는 국가경제안보보장강화를 3개의 분야로 구분하여 명시하고 있다. 규획은 식량 생산, 에너지, 금융 서비스 등 주요 산업은 물론 중요 인프라, 전략자원, 기술 시설에 대한 위험을 통제하기 위해 경제안보 위험 조기 경보, 예방, 통제 및 관련 역량 구축을 위한 메커니즘을 강화할 것이라고 밝히면서 국가경제안보를 크게 식량안보, 에너지와 자원안보, 금융안보로 구분하고 있다.

---

9) Audrye Wong, China's Perspective on Economic Security, January 4, 2024, p.1, https://docs.google.com/viewerng/viewer?url＝https://keia.org/wp－content/uploads/2024/01/Korea－Policy－Vol1－Iss3_Audrey－Wong.pdf

10) 国民经济和社会发展第十四个五年规划"("十四五"规划)(2021－2025年) https://www.gov.cn/xinwen/2021－03/13/content_5592681.htm

식량안보 전략에 대해서는 농산물과 식량이 안정적으로 공급될 수 있도록 생산, 저장, 유통체계를 개선하고, 곡물 비축관리체계를 개혁한다는 내용이다. 에너지와 자원안보 전략에서는 광물자원에 대한 계획 및 통제를 강화하고, 비축능력을 향상시키며, 광물 탐사를 위한 새로운 전략적 조치를 실행한다는 계획을 밝히고 있다. 중국 정부가 광물자원에 대한 계획과 통제를 강화한다는 것은, 결국 우리나라 경제안보의 핵심인 공급망 관리에 직접적인 영향을 끼치기 때문에 주목할 필요가 있다. 금융안보 전략에서는 국경 간 자본 흐름 관리 프레임워크를 개선하고, 감독 및 협력을 강화하며, 금융시장 개방 조건에서 위험 예방, 통제 및 대응 능력을 향상하며, 위안화 국경 간 결제 시스템 구축을 강화하고, 금융산업 정보화를 촉진한다는 내용이다.

3. 경제적 책략

중국은 국가안보와 경제안보라는 목표를 달성하기 위하여 경제적 책략(economic statecraft)을 주요 수단으로 활용한다. 경제적 책략은 어떤 국가가 자국의 외교적 목적을 달성하기 위해 경제강압, 경제제재, 경제보복을 동원한다. 그러나 경제강압, 경제제재, 경제보복은 서로 비슷하여 그 경계를 명확히 구분하기는 매우 어렵다. 경제강압, 경제제재, 경제보복에는 수출금지조치, 수출통제조치 그리고 비수출통제조치가 개별적으로 또는 복합적으로 활용되고 있다.

1) 경제강압

경제강압(Economic Coercion)은 다른 국가의 경제에 영향을 미치는 경제적 수단을 적용하거나 적용할 것을 위협하여 해당 국가의 특정한 정책 또는 행위의 중단, 수정 또는 채택을 방지하는 것으로 정의될 수 있다. 외교적으로 보면 경제강압은 다른 국가에게 경제적 불이익을 주어 자국의 요구에 굴복하게 하는 조치이다. 경제강압은 국제관계에서 제한되거나 제거되어야 하는 국가 행위에 해당한다.11)

경제강압은 다른 국가의 정당한 주권적 선택을 간섭하기 때문에 바람직하지 않다. 경제강압은 타국의 경제에 영향을 미치는 수단을 적용하여, 경제강압이 없다면 그 국가가 선택하지 않을 행위를 선택하게 하거나, 경제강압이 없다면 선택할 특정한 행위의 중단, 수정 또는 채택을 방지하기 때문에 주권 간섭에 해당한다.

따라서 경제강압은 국제법적으로도 합법적이지 않다. 경제강압은 국제법에서 허용되는 경제적 수단의 적용이 아니다. 국가가 타국에게 경제적 불이익을 정당하게 부과할 수 있는 경우는 국제법적으로 명확하게 규정되어 있다. 예컨대 WTO는 다른 국가들에게 경제적 피해를 끼칠 수 있는 쿼터, 반덤핑 관세, 생물위생검사와 같은 수단의 적용이 허용되는 상황과 절차를 미리 규정해 놓고 있다.[12]

중국식 경제강압은 합법성과 투명성이 결여되고, 비공식적으로 실행된다.[13] 중국은 상대 국가의 어떤 행위 때문에 경제강압조치를 실행하는지 상세하게 설명하지 않는다. 중국은 개인 또는 대중 매체 메시지와 같은 방식을 통해서 강압 대상 국가에 대한 불만을 전달한다. 이것은 국가들이 타국에 정당하게 경제제재를 부과하는 경우에 그 이유와 법적 근거를 공식적으로 발표하는 것과 대조된다.[14]

2) 경제제재

경제제재(Economic Sanctions)는 어떤 국가가 국제규범에 반하여 국제사회의 평화와 안정을 위협하는 행위를 하는 경우에 그 국가의 행위를 바꾸기 위해

---

11) 강선주, "경제안보 사안으로서의 경제강압: 사례와 대응 전략 동향", 국립외교원 외교안보연구소, 2023, 6 – 11면.
12) 강선주, 상동.
13) 류예리, "중국식 경제강압에 대한 대응방안 연구: 경제안보 시각에서", 국제통상연구, 제28권 제1호, 1 – 23면.
14) 강선주, 상동.

비군사적 수단의 적용으로 정의된다.[15] 경제제재는 어떤 국가가 국제규범에 반하여 국제사회의 평화와 안정을 위협하는 행위를 하는 경우에 경제적 수단을 사용하여 그 국가의 행위를 바꾸는 강제조치이다. 경제강압에 이용되는 경제수단이 경제제재에도 동일하게 사용될 수 있다.

그러나 경제제재는 합법성과 투명성 측변에서 경제강압과 다르다. 경제제재는 합법적인 근거를 갖고, 공식적으로 실행되는 반면에 경제강압은 그렇지 않다. UN이 부과하는 경제제재는 제재 부과가 필요해진 상황과 제재대상국에 따라 다양한 모습을 띠었다. 그렇지만 경제제재에 포함된 구체적인 조치를 보면 제재대상국으로 상품 수출입의 금지는 상당히 공통적이다. 이에 동결된 자산의 거래, 기술·서비스의 제공·수출·재수출 금지, 신규 투자 금지가 더해지며 그 외에, 제재대상국 선박, 제재대상국 국민이나 상품을 선적한 선박, 제재대상국이 이해관계를 가진 상품을 선적한 선박의 입항 금지 등을 포함하기도 한다.[16]

경제강압이 은밀히 비공식적으로 진행되는 반면에 UN과 별개로 독자적으

관련 기사 3

중국 측은 반발에 나섰다. 중국 상무부 대변인은 7일 성명에서 "미국은 짧은 시간 안에 또다시 러시아와 관련된 이유로 중국 일부 기업들을 수출통제리스트에 올렸다"며 "미국은 수출통제조치를 남용해 <u>중국 기업에 멋대로 일방적인 제재와 '확대 관할(long-arm jurisdiction)'을 일삼고 있다</u>"고 비난했다. 앞서 미 상무부는 지난달에도 러시아에 공격용 드론 부품을 공급했단 이유로 <u>중국 기업 11곳을 수출 통제 명단에 올린 바 있다.</u>

출처: 조선일보[17]

---

15) 연원호, "미·중 전략경쟁 속 다자간 수출통제체제 변화 전망" Trade & Security, Vol.5, June 2023, 29−30.
16) 상동
17) 조선일보, "미, 중기업 40여 곳 경제제재...'러시아에 군사 지원'", 2023.10.7., https://www.chosun.com/international/international_general/2023/10/07/MMMEEATJXJHAZMWMNE5

로 타국에 제재를 부과하는 국가는 자신의 징벌적 조치의 이유와 법적 근거를 공식적으로 발표한다. 이것은 독자 제재가 제재부과국가에도 경제적 피해를 발생시킬 수 있기 때문인데, 특히 독자 제재 부과국가가 민주주의 국가인 경우에는 제재에 대한 민주주의적 정당성과 책임성을 달성하기 위해서 필요한 것으로 독자 제재를 경제강압과 구별시키는 요소로 볼 수 있다.[18]

3) 경제보복

보복의 사전적 의미는 잘못을 저지른 국가에게 피해를 입은 국가가 앙갚음을 하는 일이다. 따라서 경제보복(economic retaliation)은 경제적으로 피해를 입은 국가가 이에 대한 맞대응으로 시행된다. 따라서 경제적 침해가 우선이다. "중국이 경제보복을 했다"라는 용어를 쓰는 순간, 말 그대로 우리나라가 중국에 이미 피해를 끼친 일이 있음을 인정하는 것이므로 용어 사용에 신중해야 한다. 그렇지 않으면 중국이 자기들이 피해를 입은 것에 대해 그 피해를 앙갚음하기 위해 저지른 일이 되는 것이다.

관련 기사 4

중국 정부가 미국의 대중(對中) 제재에 대한 <u>보복 차원</u>에서 1일부터 반체 생산에 필요한 광물인 갈륨과 게르마늄 <u>수출 제한</u>에 나섰다. 중국 정부는 다음 달부터 <u>드론 수출도 통제</u>하기로 했다. 중국이 세계 시장을 장악한 품목을 중심으로 "<u>보복 카드를 하나씩 꺼내 들고 있다</u>"는 진단이 나온다. <u>수출 금지 품목을 희토류로 확대</u>할 가능성도 제기된다.

출처: 조선일보[19]

XM3JBOA/

18) 주석

19) 조선일보, "中, 갈륨·게르마늄 수출 통제… 내달부터는 드론도 제한한다", 2023.8.2., https://www.chosun.com/economy/industry－company/2023/08/01/2NREF2ARJREM7EES3PJUHTR47I/

(1) 수출금지조치

중국의 「수출통제법」은 수출통제와 임시수출통제조치, 상황허가 이외에도 수출금지제도를 별도로 규정하고 있다. 「수출통제법」 제10조에 따르면, 국가수출통제관리부서는 국가안보 및 이익, 비확산 등 국제의무의 이행을 위하여 국무원 또는 중앙군사위원회의 허가를 받아 유관 통제품목의 수출을 금지할 수 있다. 따라서 정상적인 절차와 심사를 거쳐 허가해주는 수출통제조치와 수출 자체가 되지 못하도록 수출을 금지하는 수출금지조치는 다르다.

관련 기사 5

중국이 작년 12월부터 배터리 음극재 핵심 소재인 흑연 수출 통제를 강화한 뒤 최근 한국 주요 배터리 기업으로의 수출은 허가한 것으로 알려진 가운데, 중국 정부는 "수출통제는 금지가 아니다"라는 종전 입장을 재확인했다.

출처: 연합뉴스[20]

---

(2) 수출통제조치

① 수출통제리스트 조치

「수출통제법」 제4조에 따르면, 중국은 통일된 수출통제제도를 시행하고, 수출통제리스트를 작성하여 수출허가 등 방식으로 관리한다. 동 법 제9조 제1항은 "국가수출통제관리부서는 이 법 및 관련 법률, 행정법규의 규정에 의거, 수출통제정책에 근거하여 규정된 절차에 따라 관련 부처와 함께 수출통제리스트를 제정·조정하여 적시에 공포한다"라고 규정하고 있다. 중국은 국제수출통제체제 회원국은 아니지만, 국제평화, 국가안보 및 이익, 비확산 국제의무를 이행

---

20) 연합뉴스, "韓배터리기업에 '흑연 수출' 허가한 중국 금지 아니라 통제", 2024.1.18., https://v.daum.net/v/20240118190821794

하기 위하여 수출통제리스를 수출통제한다.

사례 1: 통제품목에 대한 수출통제

상무부와 관련 부서는 「수출통제법」, 「대외무역법」, 「세관법」에 근거하여 국가안보와
이익을 수호하기 위해 통제품목에 대해 수출통제함: 수출업자는 상무부의 수출심사를
거쳐 허가를 받은 경우에만 수출 가능
사례 1: 과염소산칼륨(HS 2829900020)(2022.4.1. 시행)
사례 2: 고압 물대포류 제품(품(HS 8424899920)(2022.12.1. 시행)

출처: 코트라[21]

이때 통제품목의 범위에 대한 판단 기준은 어떻게 되는 것인지에 대한 의
문점이 있을 수 있다. 수출통제 공고문에는 통제대상 물품의 HS코드를 기재했
으나 해당 HS코드 리스트는 참고용이라고 명시하여 반드시 해당 리스트만 해
당되는 것이 아님을 밝혔다. 따라서 수출업자는 수출대상 물품의 성분이나 화
합물의 합성방법 등 구체적인 특성을 고려하여 판단해야 한다. 이는 단순히 목
록에 포함된 HS코드만 회피해서 수출신고하는 행위를 방지하고자 함이다.[22]

② 임시수출통제조치

2023년 7월 3일, 중국 상무부는 갈륨, 게르마늄 관련 물품에 대한 임시수
출통제를 공고하여 8월 1일부터 시행하였다. 2023년 7월 31일에는 드론 관련
물품 및 일부 고성능드론에 대해 임시수출통제를 공고하여 9월 1일부터 시행하

---

21) 코트라, "중국 수출통제제도 동향 및 향후 전망", 글로벌공급망인사이트, 제79호,
2023.11.2., 11면.
22) 코트라, "중국 수출통제법의 이해", 2023.12.20., https://dream.kotra.or.kr/kotranews/cms/
news/actionKotraBoardDetail.do?SITE_NO=3&MENU_ID=90&CONTENTS_NO=1&bbs
Gbn=244&bbsSn=244&pNttSn=210360

였다. 2023년 10월 20일에도 흑연 및 관련 제품에 대한 임시수출통제를 공고하여 2023년 12월 1일부터 시행하였다. 이처럼 중국은 수출통제리스트에 포함되지 않은 주요 상품, 기술과 서비스에 대해서도 독자적이고 자의적 판단에 따라 세계를 대상으로 언제든지 임시수출통제를 시행할 수 있다.

중국의 「수출통제법」 제9조 제2항에서는 임시수출통제의 목적 및 대상, 방법, 기간 등에 대해서 규정하고 있다. 먼저 임시수출통제는 국가안보와 이익 보호 및 비확산 등 국제의무 이행을 위하여 필요한 경우에 실시한다. 이때 임시수출통제의 대상은 수출통제리스트 이외의 상품, 기술과 서비스에 대하여 실시할 수 있다. 그러나 이때에는 국무원의 허가를 취득하거나 국무원과 중앙군사위원회의 허가를 받아야 하며, 국가수출통제관리부서는 이를 공고하여 대내외적으로 알려야 한다. 임시수출통제기한은 2년을 넘지 않도록 규정하고 있지만, 반드시 그렇지만은 않다. 임시수출통제시행기한 만료 전 적시에 평가하여 평가결과에 따라 임시수출통제 취소, 연장, 수출통제리스트에 추가 여부를 결정해야 한다.

관련 기사 6

2023년 7월 3일 중국 상무부와 해관총서는 함께 갈륨과 게르마늄에 대해 수출을 제한한다고 발표했고 해당 조치는 8월 1일부터 발효됐다. 아울러 7월 31일에는 상무부, 해관총서, 국가국방과학공업국(国家国防科技工业局), 중국군사위 장비발전부 등의 공동발표를 통해 드론 관련 물질과 일부 드론에 대해 임시수출제한 조치를 취하고, 국가·최종사용자·사용용도 등에 대해 2년간 감독관리를 취할 것이라고 밝혔다.

출처: 코트라[23]

그렇다면 수출제한 물품이 포함된 모든 제품은 수출통제 대상에 포함되는 것인가? 예컨대 2023년 하반기부터 임시수출통제되고 있는 갈륨이나 게르마늄과 같은 소재는 반도체나 신에너지 산업에서 많이 사용되기 때문에 관련 산업에서

---

23) 상동

는 우려의 목소리가 있을 수 있다. 그러나 이번 금속 소재의 수출통제는 해당 물품 자체에 대한 통제라는 점을 관련 문서에서 밝힌 바 있다. 즉, 해당 소재나 물품이 기타 물품의 정상적인 생산과정에서 반드시 투입되어야 하고 또 그러한 경우라면, 가공 후 제품의 수출 시 통제품목에 포함되지 않는다.[24]

③ 상황허가

중국의 「수출통제법」 제12조 제3항은 수출통제리스트에 등록된 통제품목 및 임시수출통제품목을 제외한 상품, 기술 및 서비스에 대하여, 관련 상품, 기술 및 서비스가 ① 국가안보와 이익에 위협이 될 경우, ② 대규모 살상무기 및 운반시설 설계, 개발, 생산에 사용될 경우, ③ 테러 용도의 리스크가 존재할 경우, 수출경영자가 알고 있거나(객관적 know 통제) 알아야 하거나(주관적 know 통제), 혹은 국가수출통제부서로부터 통지를 받는 경우(inform 통제), 국가수출통제부서에 허가를 신청해야 한다고 규정하고 있다.

(2) 비수출통제조치

최근 중국의 수출통제조치와 유사한 효과를 발생시키는 비수출통제조치 사례는 다음과 같다. 이들 조치는 국가안보와 이익 수호를 위해 「수출통제법」 및 관련 법령에 의거하여 특정 품목의 수출을 통제하는 조치와 구분해야 한다.[25] 대표적으로 2021년 말 요소수 파동이 국내 디젤차량 운행 및 물류업계 영업을 위협하는 사태로 악화되었던 사례이다. 국내 일각에서는 이를 중국의 수출통제조치로 보는 견해도 있지만,[26] 지금까지 알려진 정황으로 보면 분명 중국 내의 수급불균형으로 수출제한조치를 취한 것이다. 요소와 정제수의 혼합물인 요소수는 경유(디젤) 차량용으로 쓰이며, 요소를 일정 비율로 물과 희석한 요소수는 기

---

24) 상동
25) 최원석 외 2인, "최근 중국의 경제안보 대응조치와 시사점", KIPE 세계경제 포커스, 6면.
26) 한국일보, "재연된 '요소수 사태', 2년 전 대란 겪고도 안이했던 정부", 2023.12.7.

술적으로 국내 생산에 어려움이 전혀 없는 품목이다. 그러나 경제성 때문에 우리나라는 2010년대 초반부터 국내 수요 물량의 90% 이상을 중국으로부터 조달해 왔다.

요소수는 과거 국내에서 생산되었고 아직도 생산설비가 가동되고 있다. 문제는 질산비료의 원료인 요소다. 요소는 암모니아와 이산화탄소의 화합물이며, 암모니아 생산에는 수소와 질소가 필요하다. 이산화탄소와 질소는 공기 중에 포함되어 있으니 적정 공정을 거치면 얼마든지 생산할 수 있으나 문제는 얼마나 싸게 수소를 생산하는가이다. 전기분해로 수소(그린 수소)를 생산하거나, 화석연료로 수소(그레이 수소) 생산이 가능하다. 중국은 세계 최대 석탄 생산 및 소비 국가이고, 부산품으로 수소를 싸게 생산할 수 있게 되었다. 자연스레 중국이 최대 수소 및 요소 생산국이 되었다.

한편, 우리나라는 2010년 국내 마지막 탄광이었던 전남 화순탄광이 폐쇄되면서 석탄 생산이 중단되었다. 국내에서는 삼성정밀화학이 원료를 수입하여 요소수를 생산했으나, 2015년 롯데에 매각되어 롯데정밀화학이 되었다. 미중 관계 갈등으로 우리나라의 요소수 원료 수입에 문제가 발생했다. 2020년 5월 미국의 대중국 정책에 호주가 호응하자 중국은 호주산 석탄 수입을 중단했다. 경제강압 조치를 취한 것이다.

2020년 중국은 2030년까지 탄소 배출을 줄이기 위해 탄소 배출의 주범인 석탄 사용 및 생산 감축 정책을 시행하게 되었다. 2021년 여름에 냉방 전력이 최고치를 경신하는 가운데 코로나19 팬데믹 극복에 자신감을 가진 중국은 제조업 가동을 시작했다. 하지만, 호주 석탄 대신 수입하던 아프리카 기니산 석탄이 국내 쿠데타로 수출이 불가능해졌다. 여기에다가 2021년 10월 중국 석탄 주산지인 산서성에서 대홍수가 발생하여 석탄 광산 침수로 생산이 크게 줄었다.

이로써 중국 내의 석탄이 부족해졌고, 전기 생산과 겨울철 가정용 난방기 가동과 화학산업 조업에 차질이 발생했다. 또한 요소 비료 국제가격이 오르자 중국 업체들이 비료 수출을 전년에 비해 2배로 늘림에 따라 중국 내 요소 비료

재고량이 크게 모자라게 되었다. 이에 중국 정부는 수출입 통관 기관인 해관총서(관세청)를 통해 2021년 10월 요소 및 요소비료 수출 검사절차를 추가하는 규제조치를 발동했다. 즉, 수출을 제한하게 되었다. 얼마안가 국내에서는 요소수 부족 현상이 발생했다. 국내 디젤 화물차의 60%, 5만대에 달하는 전국 노선버스 중 2만여 대에 장착된 엔진에는 요소수가 필요하다. 이들 물류 차량들은 요소수를 구하기 위해 주유소에 장사진을 쳤고, 그나마 비싼 값에라도 구할 수 있으면 다행으로 생각할 정도이었다. 이에 정부는 해외 무역관과 공관을 동원하여 전세계 요소수 수입 활동을 전개하고, 중국과의 협력을 통해 필요 물량을 확보함으로써 이듬에 요소수 사태는 진정될 수 있었다.

전후 과정을 분석해 보면, 요소수는 결국 수출통제는 아니었고 중국 내 수급 악화 외에 중국산 요소수에 전적으로 의존해 온 우리나라의 공급망 체제가 사태의 원인이었다. 이처럼 요소수 부족과 같은 사태는 특정 국가에 과도하게 의존하고 있는 품목에서 언제든지 나타날 수 있다. 공급망을 쥔 국가가 의도적으로 수출을 통제할 수 있으나, 어떤 경우이든 수입국 입장에서는 과도한 의존을 줄이는 '수입 다변화' 및 국산화 정책을 추진해야 할 것이다. 이외에도 사례 2 또는 사례 3과 같은 비수출통제조치도 있다.

사례 2: 수출 전 검사절차 진행

해관총서가 필수 검사대상 수출상품 목록에 품목을 추가하여 수출제한: 수출 전 검사 진행

사례 1: 철강 빌릿 및 선철 관련 24개 품목(2021. 6. 10 시행)

사례 2: 화학비료 관련 29개 품목(2021. 10. 15 시행)

사례 2: 화학비료 관련 28개 품목(요소 포함)

출처: 코트라[27]

---

27) 최원석 외 2인, 상동.

사례 3: 무작위로 검사절차 시행

해관총서가 공식적으로 지정된 품목 외 일부 수출품에 대해 무작위로 검사 시행
사례 1: 이벤트용 전구, LED 조명 광원, 아동용 자전거, 아동용 킥보드, 전기유모차, 장난감, 식품 접촉 플라스틱 제품 등(2021. 8. 12 시행)

출처: 코트라[28]

Ⅲ 수출통제조치와 비수출통제조치 구분 기준

〈표 3-2〉를 살펴보면, 먼저 인산암모늄은 수출통제리스트에 있는 통제품목이 아니다. 다음으로 인산암모늄은 수출통제리스트에도 포함되지는 않았지만, 그렇다고 임시수출통제 대상도 아니다. 나아가 상황허가 대상품목도 아니다. 임시수출통제대상은 중국 상무부가 관할하며, 전 세계를 대상으로 하되 2년을 넘어서는 아니 된다. 그리고 무엇보다도 중국이 임시수출통제조치를 실시하는 목적은 해당 수출통제조치가 국가안보와 중국의 국가 이익에 도움이 되기 때문이다.

따라서 중국의 거시경제 주무 부처인 국가발전개혁위원회가 지시한 인산암모늄에 대한 수출 검사 중단은 법적 의미에서 「수출통제법」상의 수출통제조치라 할 수 없다. 중국이 「수출통제법」이 아닌 중국의 거시경제 정책의 일환으로 인산암모늄에 대한 수출 검사를 중단하였다면 우리는 두 가지를 주의해야 한다.

---

28) 상동.

표 3-2 수출통제조치와 비수출통제조치의 구분

유형	품목	기관	목적	절차	기간	성격	피해
임시 수출 통제 조치	갈륨, 게르마늄[29]	상무부	해당 수출통제 조치가 국가안보와 중국의 국가 이익에 도움	상무부는 필요할 경우 수출허가 검토가 국무원으로까지 올라갈 수 있음	2년	중국의 이번 조치는 지난달 30일 미국의 집요한 요구 속에 네덜란드가 일부 반도체 생산설비를 선적할 때 정부의 수출허가를 받도록 의무화하는 조치를 9월 1일부터 시행한다고 발표한 데 따른 맞불 성격	• 가격상승 • 세계가 더 큰 비용 부담 할 가능성 제기
비수출 통제 조치	인산 암모늄[30]	국가 발전 개혁 위원회	중국 국내 공급 부족	최근 중국의 거시경제 주무 부처인 국가발전개혁 위원회는 인산암모늄에 대한 수출 검사 중단 지시	미정 (내년 농번기)	중국 쓰촨성 등 일부 지역이 환경오염을 이유로 생산 제한	• 한국(일본)의 인산암모늄 의 존도 95% • 비료가격 상승 • 수급에 영향

출처: 필자 정리

첫째, 인산암모늄에 대한 수출 검사 중단은 비록 수출통제조치는 아니지만, 그 피해는 수출통제조치로 인한 피해와 유사하거나 어떤 경우에는 오히려 더 클 수 있다. 향후 중국은 수출통제조치는 아니면서 수출통제의 효과를 발생시키는 조치, 즉 비수출통제조치를 통해 우리나라의 공급망을 교란할 가능성이 크다.

....

29) ESG경제, "중국, 반도체 재료 '갈륨·게르마늄' 수출 통제한다", 2023.7.4., https://www.esgeconomy.com/news/articleView.html?idxno=4034(최종 검색일: 2023.12.15.).

30) 연합뉴스, "중, 요소 이어 화학비료 원료 인산암모늄도 수출 통제", 2023.12.7., https://n.news.naver.com/mnews/article/001/0014378627?sid=104(최종 검색일: 2023.12.15.).

관련 업계에 따르면 중국 정부는 지난해 12월 하순 배터리 소재업체 포스코퓨처엠으로 공급될 음극재 제조용 구상흑연의 <u>수출을 승인했다.</u> 또 LG에너지솔루션, SK온, 삼성SDI 등에도 흑연 음극재 완제품 <u>수출도 승인한 것으로 전해졌다.</u>

업계 관계자는 "아직까지 큰 문제 없이 허가가 이뤄지고 있지만, <u>통관 절차로 불가피하게 시간이 소요되고 있다</u>"며 "<u>또 언제든지 승인이 안될 수 있다는 리스크가</u> 있어 예의주시하고 있는 상황"이라고 말했다.

출처: 이데일리31)

둘째, 중국의 거시경제 조치가 수출통제조치도 아닌데 수출통제조치라고 받아들이게 되면 우리나라는 제대로 된 대응을 할 수 없다. 즉 수출통제가 아님에도 불구하고 수출통제라고 할 경우, 한국과 중국의 관계를 악화시킬 수 있고, 이에 대응하는 데 드는 비용과 부담도 가중될 수 있다. 따라서 우리나라가 제대로 대응하기 위해서는 중국의 수출통제조치와 비수출통제조치의 차이를 정확히 이해해야 한다. 중국의 비수출통제조치에 대응하는 데 필요한 전략을 종합적으로 수립할 필요가 있다.

Ⅳ 시사점

수출통제 법령에 따른 수출통제조치와 비수출통제조치에 의한 수출제한의 상대국에 대한 피해 및 영향은 사실상 유사하다. 비수출통제조치로 인한 수출제한 피해의 예시로 중국의 요소수 수출 검사 강화가 국내 산업에 끼친 영향이 될 수 있다. 수출통제조치 사례로는 국제사회의 러시아 수출통제와 흑연에 대

---

31) 이데일리, "中흑연 수출통제 불구... 지난달 수입 더 늘어난 배경은?", 2024.2.15., https://www.edaily.co.kr/news/read?newsId=02614166638761328&mediaCodeNo=257

한 중국의 수출통제조치이다. 러시아 제재는 현재 그 영향이 이미 심각하게 나타난 경우이고, 흑연에 대한 수출통제는 향후 잠재적 영향이 클 수 있다.

수출통제조치와 비수출통제조치의 법적 근거 또는 정부의 판단 기준만 다를 뿐이지 수입국 입장에서는 적용대상 물품이 수입국으로 수출되지 못하는 그 결과는 동일하다. 정책당국은 정책목표 및 외교적 관계 등을 고려하여 특정 국가에 대한 조치를 채택하게 된다. 국제적으로 영향력을 행사할 수 있는 강대국이라면 자국의 대외정책을 국제적으로 확산시키기 위해서 수출통제제도를 명분으로 경제강압 조치의 정당성을 강조할 것이다.

반면, 수급불균형 등 국내 경제운영 상의 문제로 인해 수출을 제한해야 한다면 수입국의 무역보복을 회피하기 위해 특정 비관세조치가 국제규범에 부합함을 주장할 것이다. 수출제한 내지는 규제가 발생하면 해당 조치의 근거를 고려하지 않고 수출통제인 것으로 이해하는 경우가 많으나, 수출통제 조치와 비수출통제조치는 발동 근거는 물론이고 추진 과정에서도 상당한 차이가 있다.

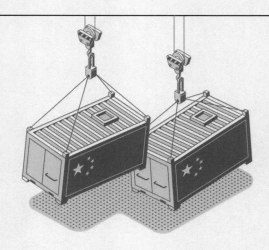

중국의 新수출통제제도 관련 법체계

중국 신(新)수출통제제도 관련 법체계

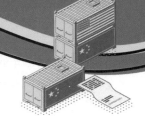

Ⅰ 중국의 법체계

　　우리나라는 국회가 법률을 제정한다. 법률에 정한 것을 보다 구체화하거나 집행할 필요가 있을 경우, 행정부는 시행령(대통령령)과 시행규칙(각 부의 부령)을 정한다.

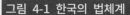
그림 4-1 한국의 법체계

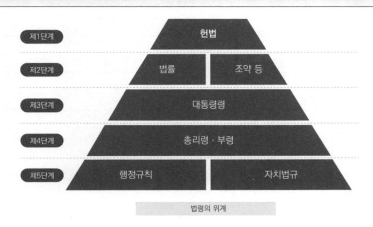

출처: 한국법제연구원[1]

----

1) 한국법제연구원 https://elaw.klri.re.kr/kor_service/struct.do(최종검색일: 2024.1.28.)

법령	제정기관	입법 근거
헌법	전국인민대표대회	헌법
법률	전국인민대표대회	기본법률
	전국인민대표대회 상무위원회	기본법률 이외의 기타법률
행정법규	국무원	헌법과 법률에 근거한 각종 조례
부문규장	국무원 각부, 위원회, 중국인민은행, 심계서, 행정관리직능을 가진 직속기구	법률 및 국무원의 행정법규, 결정, 명령에 근거하여 각 부서의 권한 범위 내에서 단독 또는 타 부서와 공동으로 제정
지방성 법규	성, 자치구, 직할시 인민대표대회 및 그 상무위원회	헌법, 법률 및 행정법규에 저촉되지 않는 것을 전제로 행정구역의 구체적인 상황과 실제 필요에 따라 제정

출처: 필자 정리

중국의 법체계는 우리나라와 유사하지만, 상대적으로 복잡하다.

한, 중 양국의 법체계를 일대일로 비교하기는 어렵지만, 대략 〈표 4-2〉와 같다.

한국	중국
헌법	헌법
법률 = 국제조약	국제조약 ≥ 법률
대통령령	행정법규
총리령·부령	
행정규칙/지방자치조례	부문규장/지방성 법규

출처: 필자 정리

1. 헌법

중국의 헌법은 우리나라의 국회에 해당하는 전국인민대표대회에서 제정 및 개정한다. 중국의 법률체계에서 헌법은 최고의 법적 지위와 효력을 가지며,

중국 모든 법령의 기초와 근거가 된다.[2] 모든 법률, 행정법규와 지방성 법규는 헌법과 저촉되어서는 아니 된다.

2. 법률

중국의 법률은 기본법률과 기타법률로 구별되며 그 효력에도 차이가 있다. 기본법률은 전국인민대표대회에서 제정하고 개정하는데, 형법, 민법통칙, 계약법, 상속법 등과 같은 중요 법률이 기본법률에 해당한다. 기본법률 이외의 것으로 전국인민대표회의 상무위원회가 제정하고 개정하는 법은 기타법률이며, 기타법률에는 회사법, 노동법, 특허법, 상표법 등이 있다. 전국인민대표대회 및 그 상무위원회에서 공포한 규범적인 결의, 결정, 규정, 방법 등도 법률에 속한다. 기본법률의 효력은 기타법률에 비해 우위에 있으며, 기본법률과 기본법률, 기타법률과 기타법률이 충돌할 경우, 신법우선의 원칙과 특별법우선의 원칙이 적용된다.

3. 행정법규

우리나라의 행정부에 해당하는 국무원은 헌법과 법률에 근거하여 행정법규를 제정하며, 그 효력은 헌법과 법률에 비해 낮지만, 지방성법규와 부문규장에 비해서는 높다. 행정법규의 명칭은 조례(條例), 규정(規定), 판법(辦法)으로 부른다.[3] 중국의 행정법규는 우리나라의 대통령령, 총리령·부령[4]과 유사하다.

4. 부문규장

국무원에 속한 각 부, 각 위원회는 법률과 행정법규에 근거하여 동 부서의

---

2) 중국 「헌법」 제5조 제3항.
3) 1987년 국무원 판공청이 공포한 「행정법규제정절차 잠행조례」에 따라 조례, 규정, 판법 3가지 명칭만 부치도록 통일하였다.
4) 우리나라의 경우 정부 각부에서 법률이나 대통령령의 위임에 의하여 제정한 명령, 즉 직권명령을 제정하여 부령이라고 함.

권한범위 내에서 규장을 제정할 수 있다. 부문규장과 지방정부규장을 총괄하여
규장이라 하는데 그 명칭은 규정, 판법이라고 부르는 것이 일반적이지만, 통지
(通知), 설명(說明), 의견(意見) 등으로도 불린다. 단지 조례라고 부를 수 없다. 부
문규장의 효력은 헌법, 법률, 행정법규에 비해 낮고, 지방성 법규와 부문규장
간에는 우선적용 규칙이 존재하지 않는다.

5. 지방성 법규

각 성(省), 자치구, 직할시의 지방국가기관이 정한 규정(規定)이나 결정(決
定), 조례(條例) 등을 지방성 법규라 한다. 지방성 법규는 성·자치구·직할시 등
성급 인민대표대회 및 그 상무위원회가 제정하는 법률을 말한다. 성급 인민정
부가 있는 시와 국무원이 비준한 비교적 큰 시의 인민대표대회가 제정한 법률
도 지방성 법규에 속한다. 주로 조례, 규정, 판법, 규칙, 실시세칙 등의 이름이
붙여진다. 지방성 법규는 헌법과 법률, 행정법규에 저촉되어서는 아니 된다.

6. 국제조약의 중국 국내법상 지위

중국은 헌법에 국제조약의 지위에 관한 원칙적 법률규정을 두고 있지 않
다. 하지만 일부 개별 법률 중에는 국내법과 국제조약의 내용이 충돌하는 경우
국제조약을 우선 적용한다는 규정을 두고 있다. 민사, 민사소송, 행정소송, 수
표, 민간항공, 해상, 위생검역, 우편, 환경보호, 상표, 특허, 상속, 어업 등 법률
에 이러한 규정을 두고 있다.[5]

---

5) 마광, "중국 법의 연원에 대한 연구", 인권과 정의, Vol. 395, 2009년 7월, 189면.

Ⅱ 중국의 수출통제 법체계

1. 수출통제 법체계

현재 중국의 수출통제 법체계는 법률, 행정법규와 하위규정으로 구성되어 있다.

법률(수출통제법, 대외무역법, 세관법, 형법 등)

행정법규(감독관리 화학품 관리조례, 핵수출통제조례, 군수품수출관리조례, 핵 이중용도 및 관련 기술 수출통제조례, 생물 이중용도 품목 및 관련 설비와 기술 수출통제조례, 중화인민공화국 기술수출입관리조례, 이중용도 품목수출통제조례(의견수렴안), 희토류관리조례(의견수렴안), 이중용도 품목 및 기술 통용허가 관리 판법, 관련 화학품 및 관련 설비와 기술 수출통제판법, 이중용도 품목과 기술 수출입 허가증 관리 목록(2013), 군수품 수출관리 목록, 핵 물품 수출통제 목록, 중국 수출금지 및 제한 기술 목록(2023) 등

부문규장(이중용도 품목 수출사업자의 수출통제 내부 규정준수 메커니즘 구축에 관한 상무부 지도의견, 갈륨, 게르마늄 및 관련 품목에 대해 수출통제를 실시할 데 관한 공고, 흑연품목 임시수출통제조치 최적화 조정에 관한 공고 등

출처: 필자 정리

중국의 비확산 및 수출통제에 관한 법체계는 1990년대부터 발전해 왔다. 중국의 수출통제제도는 1994년 「대외무역법」6) 제정을 기점으로 1994년 「대외무역법」 제정 이전과 이후, 그리고 2020년 「수출통제법」 제정 이전과 이후로 구분된다.7)

1994년 「대외무역법」 제정 이전에 중국의 수출통제제도는 각종 행정법규와 비공개리스트 등의 방식으로 실시되어 불투명한 수출통제 시기로 평가된다. 1994년 「대외무역법」의 출범과 동시에 「핵수출통제조례」, 「핵 이중용도 및 관련 기술 수출통제조례」, 「제독용이8) 화학품(易制毒化学品) 수출입관리규정」, 「군수품 수출관리조례」 등 일련의 법률법규가 제정되었다.

그러나 1994년 「대외무역법」이 존재하기는 하였지만, 수출통제에 관한 규정이 「대외무역법」을 비롯하여 다수의 법률 및 행정법규, 하위규정에 산재되어 있어 제도운영의 체계성이 부족하였고, 개별 규정에 따라 수출통제의 주관부서가 명확하지 않아 각 기관의 권한이나 업무가 명확하지 않았다.9)

중국 정부는 이러한 문제를 해결하기 위하여 수출통제제도에 관한 법률법규의 정비를 추진하다가 2020년 12월 1일 「수출통제법」을 정식으로 시행하여 비로소 수출통제와 관련된 기본법체계를 갖추게 되었다.10) 중국은 수출통제제도의 법적 근거를 완비하고, 제도의 현대화를 위해 2016년 「수출통제법」 입법계획을 발표했고, 2017년 6월 16일 초안 공개, 2019년 12월 23일 전국인민대표대회 안건으로 상정, 2020년 7월 의견수렴안(제2심의안)의 심의를 거쳐 마침

---

6) 중국의 「대외무역법」은 1994년 제정, 2004년과 2016년에 대폭 개정하였음.
7) 김연, "중국의 수출통제관련 주요법률법규", 차이나법률 정보, 한국무역협회, 2023.9.19., 1면.
8) 易制毒化学品은 독을 제조하는 것이 쉬운이라는 뜻임.
9) 贾小宁, 《出口管制法》 实施一年以来, 中国出口管制法律体系现状与海关监管什么样?", Allbright, 2022.2.12. available at https://www.allbrightlaw.com/CN/10475/ed31455af340b9aa.aspx(최종검색일: 2023.12.15.)
10) 김인식, "중국 수출통제제도의 변화에 관한 탐색적 연구 – 2019년 수출통제법(초안)을 중심으로", 한중관계연구, 제6권 3호, 2020, 25 – 45면.

표 4-3 중국의 「수출통제법」 초안의 구성 및 내용 비교

구분	2017년	2019년	2020년
제1장	총칙(제1조-제10조)	총칙(제1조-제7조)	총칙(제1조-제7조)
제2장	통제정책과 목록 (제11조-제19조)	통제정책과 목록 (제8조-제11조)	통제정책, 통제목록 및 통제조치 (제8조-제27조) 제1절 일반규정 (제8조-제19조) 제2절 이중용도 품목의 수출관리 (제21조-제22조) 제3절 군용품목의 수출관리 (제23조-제27조)
제3장	허가관리 제1절 일반규정 (제20조-제31조) 제2절 이중용도 품목의 수출 (제32조-제36조) 3절 군용품목의 수출허가관리 (제37조-제42조)	통제조치 제1절 일반규정 (제12조-제21조) 제2절 이중용도 품목의 수출관리 (제22조-제24조) 제3절 군용품목의 수출관리 (제25조-제29조)	감독관리 (제28조-제32조)
제4장	법집행 관리감독 (제43조-제50조)	감독관리 (제30조-제33조)	법률책임 (제33조-제44조)
제5장	법률책임 (제51조-제62조)	법률책임 (제34조-제44조)	부칙 (제45조-제48조)
제6장	부칙 (제63조-제70조)	부칙 (제45조-제48조)	

출처: 최서지[11]의 논문 필자 수정보완

내 「수출통제법」이 발효되었다.

기존의 일부 행정법규는 여전히 유효하며, 중국 수출통제제도는 향후 더욱 체계적이고 정교화될 것으로 전망된다. 현재 「이중용도 품목 수출통제 조례(의견수렴안)」(2022)와 「희토류 관리조례(의견수렴안)」(2021)이 의견수렴 과정을 거치고 있으며, 발효가 되면 향후 중국 수출통제제도는 더욱 체계화될 전망이다.

---

11) 최서지, 앞의 논문, 122면.

행정법규에서 수출을 금지 또는 제한하는 품목은 하위규정인 「2023년 수출금지 및 제한 기술목록」, 「2023년 이중용도 품목 및 기술수출 허가증 관리목록」, 「군수품 수출 관리목록」, 「핵 물품 수출통제 목록」 등에 규정되어 있다.12)

표 4-4 한, 중 양국의 수출통제 관련 법령

구분	한국		중국
법률	• 대외무역법 • 세관법	법률	• 수출통제법 • 대외무역법 • 세관법 • 형법
대통령령 (시행령)	대외무역법 시행령	행정 법규	• 감독관리 화학품 관리조례 • 핵수출통제조례 • 군수품 수출관리조례 • 핵 이중용도 및 관련 기술 수출통제조례 • 미사일 및 관련 물품과 기술 수출통제조례 • 생물 이중용도 품목 및 관련 설비와 기술 수출통제조례 • 증화인민공화국 기술수출입관리조례 • 이중용도 품목 수출통제 조례(의견수렴안)(2022) • 희토류 관리 조례(의견수렴안)(2021)
총리령· 부령 (시행규칙)	대외무역법 시행규칙		• 이중용도 품목 및 기술 통용허가 관리 판법 • 이중용도 품목과 기술 수출입허가증 관리 판법 • 중화인민공화국 수출입세칙(2024) • 관련 화학품 및 관련 설비와 기술 수출통제 판법 • 이중용도 품목과 기술 수출입허가증 관리 목록 (2024) • 군수품 수출 관리목록 • 핵 물품 수출통제 목록 • 중국 수출금지 및 제한기술목록(2024)
행정규칙	전략물자수출입고시	부문	• 이중용도 품목 수출경영자의 수출통제 내부규정준

----

12) 수출통제백서 https://www.gov.cn/gzdt/2009 - 05/19/content_1319018.htm http://www.scio.go(최종검색일: 2023.12.15.)

구분	한국		중국
(훈령·예규·고시·지침 등)		규장	수 메커니즘 구축에 관한 상무부 지도의견(2021) • 갈륨·게르마늄 및 관련 품목에 대해 수출통제를 실시할 데 관한 공고 • 흑연품목 임시수출통제조치 최적화 조정에 관한 공고

출처: 필자 정리

2. 수출통제 관련 주요 법률

1) 수출통제법

중국은 수출통제제도의 법적 근거를 정비하고 현대화하기 위하여 2016년 「중화인민공화국 수출관제법(中华人民共和国出口管制法)」(이하 '「수출통제법」') 입법계획을 발표하였다. 이후 2017년 「수출통제법」(의견수렴안)이 공개되었고, 전국인민대표대회 상무위원회는 2019년과 2020년 세 차례의 심의를 거쳤다.[13]

마침내 2020년 10월 17일 전국인민대표대회 상무위원회는 국제의무 이행, 국가안보 및 이익 수호를 위하여 특정 수출통제제도 도입을 통한 수출통제 강화를 목표로 기존의 여러 법령에 산재된 법령을 통일하여 「수출통제법」을 통과시켰다. 「수출통제법」은 중국 정부가 제정한 최초의 종합적인 수출통제 법률이기에 의미가 매우 크다.

중국은 「수출통제법」 제정 이전에 「대외무역법」, 「세관법」, 「형법」 등 법률과 관련 행정법규를 통해 수출통제제도를 운영해 왔다. 그러나 중국은 기존 법들이 이미 오래전에 제정되어 최근 급속도로 발전한 기술을 따라가지 못한다는 지적, 수출통제 관련 상위법의 부재, 제도의 정확성 부족, 법적 체계 불완전 등 문제점이 존재함에 따라 「수출통제법」을 제정하게 됐다. 「수출통제법」은 수출통제 대상 및 범위, 처벌 가능 위법행위 및 대상의 범위, 처벌의 정도를 확대

----

13) 중국 「수출통제법」의 초안 및 제1, 2, 3차 심의안의 주요 법문 비교분석은 왕정정 외 2인, "중국 수출통제법 내용분석과 대응방안", 통상정보연구, 제22권 제4호, 203면 참고.

및 강화하고 있다.

2) 대외무역법

중국 대외무역 관계의 기본법인「대외무역법」제16조 내지 제18조에 수출통제 규정이 있다.「수출통제법」제정 이후,「대외무역법」과「수출통제법」의 규정을 비교하면 큰 차이점이 없다. 설령 두 법에 모순 또는 충돌되는 규정이 존재할지라도 신법우선의 원칙 혹은 특별법 우선의 원칙에 근거하여「수출통제법」이 우선 적용된다.

표 4-5「대외무역법」에서의 수출통제·관련 규정

조항	중문	국문
제16조	国家对与裂变、聚变物质或者衍生此类物质的物质有关的货物、技术进出口，以及与武器、弹药或者其他军用物资有关的进出口，可以采取任何必要的措施，维护国家安全。 在战时或者为维护国际和平与安全，国家在货物、技术进出口方面可以采取任何必要的措施。	국가는 핵분열 및 핵융합 물질 또는 그 물질에서 파생된 물질과 관련한 물품 및 기술의 수출입과 국가안보를 유지하기 위하여 무기·탄약·그 밖의 군사 재료의 수출입에 필요한 조치를 취할 수 있다. 전쟁 중에 또는 국제평화와 안전을 보호하고 유지하려는 목적으로 국가는 물품과 기술의 수출입 분야에 필요한 조치를 취할 수 있다.
제17조	国务院对外贸易主管部门会同国务院其他有关部门，依照本法第十五条和第十六条的规定，制定、调整并公布限制或者禁止进出口的货物、技术目录。 国务院对外贸易主管部门或者由其会同国务院其他有关部门，经国务院批准，可以在本法第十五条和第十六条规定的范围内，临时决定限制或者禁止前款规定目录以外的特定货物、技术的进口或者出口。	국무원 대외무역 주무부서는 다른 국무원 관계 부서와 서로 논의하여 제15조와 제16조에 따라 수출입을 제한하거나 금지하는 물품 및 기술 목록을 제정·조정한 후 공표한다. 국무원 대외무역 주무부서 또는 다른 국무원 관계부서는 국무원의 비준을 받아 이법 제15조와 제16조에서 정하는 범위 내에서 앞 관에서 정하는 목록 이외의 특정물품 및 기술의 수출 또는 수입을 일시적으로 제한하거나 금지할 수 있다.
제18조	国家对限制进口或者出口的货物，实行配额、许可证等方式管理；对限制	국가는 수입 또는 수출을 제한하는 물품에 대한 할당액·허가 등의 방식으로 관리를 하고, 수입

조항	중문	국문
	进口或者出口的技术，实行许可证管理。 实行配额、许可证管理的货物、技术，应当按照国务院规定经国务院对外贸易主管部门或者经其会同国务院其他有关部门许可，方可进口或者出口。 国家对部分进口货物可以实行关税配额管理。	또는 수출을 제한하는 기술에 대한 허가 관리를 시행한다. 할당액·허가 관리의 대상인 물품과 기술은 국무원 규정에 따라 국무원 대외무역주무부서의 비준을 받거나 다른 국무원 관계부서와 상의한 후 허가를 받아야 수입하거나 수출할 수 있다. 국가는 일부 수입 물품에 대하여 관세 할당액 관리를 실시할 수 있다.

출처: 필자 정리

3) 세관법

「세관법」은 세관감독관리와 관련된 기본법이다.[14] 국가에서 수출입을 통제하는 화물은 수출입허가증이 없으면 통관할 수 없다(제24조 제2항). 국가가 금지 또는 제한하는 수출입 화물, 물품에 대해 세관은 법률, 행정법규, 규정에 따라 감독관리를 실시한다(제40조). 국가가 금지하거나 제한하는 화물이나 물품을 운송, 휴대, 우편을 통하여 수출입하는 행위는 밀수로 간주한다(제82조 제1항).

표 4-6 「세관법」에서의 수출통제 관련 규정

조항	중문	국문
제24조	国家限制进出口的货物，没有进出口许可证件的，不予放行，具体处理办法由国务院规定。	국가가 수출입을 제한하는 화물은 수출입 허가증서 없이 통관될 수 없으며, 이에 대한 구체적인 처리방법은 국무원이 정한다.
제40조	国家对进出境货物、物品有禁止性或者限制性规定的，海关依据法律、行政法规、国务院的规定或者国务院有	출입국 화물·물품에 대하여 금지 또는 제한을 하는 국가 규정이 있는 경우 세관은 법률·행정법규·국무원 규정 또는 국무원

---

14) 「세관법」은 1987년 1월 22일 공포, 2000.7.8., 2013.6.29., 2013.12.28., 2016.11.7., 2017.11.4., 2021.4.29. 등 총 여섯 차례 수정됨.

조항	중문	국문
	关部门依据法律、行政法规的授权作出的规定实施监管。具体监管办法由海关总署制定。	관련 부서가 법률·행정법규에 근거하여 제정한 규정에 따라 감독·관리를 한다. 구체적인 감독·관리방법은 세관총서가 제정한다.
제82조	违反本法及有关法律、行政法规，逃避海关监管，偷逃应纳税款、逃避国家有关进出境的禁止性或者限制性管理，有下列情形之一的，是走私行为： （一）运输、携带、邮寄国家禁止或者限制进出境货物、物品或者依法应当缴纳税款的货物、物品进出境的；	이 법 및 관련 법률·행정법규를 위반하여 세관 감독·관리를 회피하며, 납부하여야 할 세금을 탈루하고, 국가 출입국과 관련된 금지성 관리 또는 제한성 관리를 회피하는 행위가 다음 각 항의 상황 중 하나에 해당하는 경우 밀수 행위이다. (1) 국가가 금지하거나 제한하는 출입국 화물·물품 또는 법에 따라 세금을 납부하여야 하는 화물·물품을 운송·휴대·우편을 통하여 출입국하는 경우

출처: 필자 정리

4) 형법

중국은 「수출통제법」 제43조 제2항에서 국가가 수출을 금지하는 통제품목 혹은 허가를 받지 못한 통제품목을 수출할 경우 법에 따라 형사책임을 져야 한다. 하지만 어떠한 형사책임을 부담하는지에 대해서는 해당 법률에 규정되어 있지 않다. 이와 관련하여 중국 「형법」상의 죄목들을 살펴보면, 위와 같은 법령들을 위반하여 그 상황이 엄중한 경우에는, 중국 「형법」상의 국가안전위해죄 혹은 밀수죄, 시장질서교란죄로 형사책임을 질 수 있다.

즉 통제 물품이나 기술이 국가기밀인 경우, 국가안전위해죄, 국가배반죄, 간첩죄, 국가기밀절취등죄 등이 적용될 수 있다. 또한 무기, 탄약, 핵 자재 또는 위조화폐를 밀수한 경우에는 무기탄약밀수죄, 핵자재밀수죄, 위조화폐밀수죄, 국가가 금지한 물품을 수출입한 경우에는 국가 금지품목 수출입밀수죄, 이 외의 일반 상품, 물품 등을 밀수한 경우는 일반상품물품밀수죄 등이 문제될 수 있다. 시장질서교란죄가 적용될 여지도 있다. 구체적으로는 국가규정을 위반하여 규정된 허가를 받지 않고 통제품목을 거래할 경우와 수출입 허가증과 수출입원산지 증명 및 기타 법률, 행정법규에서 규정한 경영 허가증과 허가문서를 매매할 경우에는 불법경영죄가 성립될 수 있다.[15]

3. 수출통제 관련 주요 행정법규

1) 이중용도 품목 수출통제 조례(의견수렴안)

(1) 제1장 총칙

① 용어의 정의(제2조)

「이중용도 품목 수출통제 조례(의견수렴안)」(이하, 조례) 제2조에 따르면, 수출통제란 국가가 통제품목을 중화인민공화국 영토 내에서 해외로 이전하거나 중화인민공화국 공민(개인),[16] 법인, 비법인 조직이 통제품목을 외국의 조직, 개인에게 제공하는 것을 금지 또는 제한하는 조치를 가리킨다. 수출통제에 대한 개념 정의는 「수출통제법」상의 개념 정의와 동일하다.

이 조례에서 말하는 이중용도 품목이란 민간 용도와 군사 용도, 또는 군사적 잠재력을 향상시키는 데 도움이 되는 특히 대량살상무기 및 그 운송 수단을 설계, 개발, 생산 또는 사용하는 데 사용할 수 있는 상품, 기술 및 서비스를 말한다.

② 원칙(제3조)

이중용도 품목의 수출통제 작업은 총제적 국가안보관을 준수하고 국제평화를 유지하며 안전과 발전을 조정하고 이중용도 품목의 수출통제 관리 및 서

---

15) 주중국대한민국대사관, 「알기쉬운 중국의 통상규제 법령해설」, 2021, 6－7면.
16) 공민은 법률적 개념이며 개인을 가리킴. 즉 법률적으로 권리를 가지고 의무를 이행하는 사람을 말함. 인민은 정치적 개념이며, 계급적인 내용으로 구분한 것임. 인민은 적을 상대하여 이르는 말임. https://blog.naver.com/j_2009/221444567303(최종검색일: 2024.1.28.)

비스를 개선해야 한다.

③ 주관기관(제5조)

국무원 상무주관부서는 이중용도 품목의 수출통제 업무를 담당한다. 국무원의 기타 관련 부서는 책임 분담에 따라 관련 업무를 담당한다.

국가수출통제업무조정 메커니즘은 이중용도 품목 수출통제 업무의 주요 문제를 조정하고 조정하는 책임이 있다. 국무원 상무주관부서와 국무원 관련 부서는 긴밀히 협력하여 정보 공유를 강화해야 한다.

성, 자치구, 직할시 인민정부 상무주관부서는 허가접수, 감독검사 및 조사와 같은 이중용도 품목의 수출통제 관련 업무를 지원한다.

④ 이중용도 품목 수출통제 전문가자문제도 구축(제6조)

국무원 상무주관부서는 관련 부서와 함께 이중용도 품목 수출통제 전문가자문 메커니즘을 구축하여 이중용도 품목 수출통제 법률, 법규, 규장 및 정책의 제정 및 조정, 수출통제 목록 작성 및 조정, 품목 식별, 수출신청 심사 등 사항에 대한 자문 의견을 제공한다.

이중용도 품목의 수출통제에 대한 전문가자문 메커니즘은 관련 분야의 전문가로 구성되어야 한다. 전문가는 자문 의견을 제시할 때 객관성, 공정성 및 엄격성의 원칙에 따라야 한다.

⑤ 기업의 내부준수시스템 구축과 통용허가(제7조)

국무원 상무주관부서는 이중용도 품목 수출통제 지침을 적시에 제정, 조정 및 발행하고, 수출경영자가 이중용도 품목 수출통제 내부준수시스템을 구축 및 개선하고 경영을 표준화하도록 인도해야 한다. 수출경영자가 이중용도 품목 수출통제 내부준수시스템을 구축하고, 잘 운영되는 경우 국무원 상무주관부서는 수출 관련 이중용도 품목에 대한 통용허가와 같은 편리한 조치를 취할 수 있다.

국무원 상무주관부서는 기업의 이중용도 품목의 수출통제 내부 준법 운영에 대한 평가를 조직하고 수행할 수 있다.

⑥ 상회, 협회, 산업 자율 조직(제8조)

이중용도 품목의 수출경영자, 관련 조직 및 개인은 법률에 따라 관련 상회, 협회 등 산업 자율 조직을 설립하고 참여할 수 있다.

관련 상회, 협회 및 기타 산업 자율 조직은 법률 및 행정 규정을 준수하고 정관에 따라 회원에게 수출통제 관련 서비스를 제공하고 회원이 내부 규정 준수를 강화하고 조정 및 자율 역할을 수행하도록 인도해야 한다.

⑦ 최종 사용자 및 최종용도 지침(제10조)

국무원 상무주관부서는 평등과 호혜의 원칙에 따라 신청에 근거하여 다른 국가 및 지방 정부에 대한 「최종 사용자 및 최종용도 지침」을 발행하고 관리해야 한다. 신청자는 「최종 사용자 및 최종 사용 지침」을 신청할 때 한 약속을 엄격히 준수해야 한다.

「최종 사용자 및 최종용도 지침」의 관리방법은 국무원 상무주관부서에서 별도로 규정한다.

(2) 제2장 수출통제 정책, 수출통제 목록과 수출통제조치

가. 제1절 수출통제 정책

① 수출통제 정책 수립(제11조)

국무원 상무주관부서는 관련 부서와 함께 이중용도 품목의 수출통제정책을 수립하고 조정하며, 그 중에서 중대한 정책은 국무원에 보고하여 허가를 받거나 국무원, 중앙군사위원회에 보고하여 허가를 받아야 한다.

② 위험 등급 및 평가 고려사항(제12조)

국무원 상무주관부서는 외교 주관부서 등 관련 부서와 함께 이중용도 품목 수출 목적 국가 및 지역을 평가하고, 위험 등급을 결정하며 상응하는 통제조치를 취한다.

평가 고려사항은 다음과 같다. (1) 국가안보와 이익에 미치는 영향 (2) 중국이 가입한 국제협약 및 유엔 안전보장이사회 결의 등을 이행하여 확정된 국제의무를 이행할 필요성 (3) 외교정책의 필요 (4) 수출통제 분야에서 중국과 협력하는 경우 (5) 기타 고려해야 할 요소이다.

나. 제2절 수출통제 목록

① 수출통제 목록 작성(제13조)

국무원 상무주관부서는 「수출통제법」과 본 조례의 규정에 의거하여 이중용도 품목 수출통제 정책에 근거하여 규정된 절차에 따라 관련 부서와 함께 이중용도 품목 수출통제 목록을 제정하고 조정하며 적시에 공포한다. 목록의 품목에 대한 통제번호를 설정한다.

이중용도 품목의 수출통제 목록을 제정하고 조정하려면 적절한 방식으로 의견을 구하고 필요한 산업 조사 및 평가를 수행하여 다음 요소를 고려해야 한다. (1) 국가 안보와 이익에 미치는 영향 (2) 비확산 등 국제의무 이행에 대한 영향

② 임시수출통제 기한(제14조)

국무원 상무주관부서는 관련 부서와 함께 임시통제를 실시하고, 임시통제의 품목과 기한을 공고한다. 임시통제 실시 기한은 2년을 초과할 수 없다.

임시통제 실시 기한이 만료되기 전에 국무원 상무주관부서는 즉시 평가를 진행하고, 평가결과에 근거하여 별도로 처리해야 한다.

(1) 통제실시 조건이 더 이상 갖추어지지 않은 경우 임시통제조치를 취소하기 위해 공고해야 한다.

(2) 통제실시 조건이 여전히 충족되고 이중용도 품목의 수출통제 목록에 포함하기에 적합하지 않은 경우 임시통제조치를 연장하기 위한 공고를 해야 하며 연장된 기간은 2년을 초과할 수 없다.

(3) 이중용도 품목의 수출통제 목록에 포함하기에 적합한 경우 임시통제품목을 이중용도 품목의 수출통제 목록에 포함해야 한다.

③ 특정 국가 및 지역, 특정 조직 및 개인으로의 수출금지(제15조)

국가안보와 이익을 수호하고 비확산 국제의무를 이행의 필요에 따라 국무원 또는 국무원, 중앙군사위원회의 허가를 받아 국무원 상무주관부서는 관련 부서와 함께 관련 이중용도 품목의 수출을 금지하거나 관련 이중용도 품목의 특정 국가 및 지역 및 특정 조직 및 개인으로의 수출을 금지하고 공고할 수 있다.

다. 제3절 허가제도

① 개별허가와 통용허가(제16조)

국가는 이중용도 품목의 수출통제 목록에 있는 이중용도 품목 및 임시 수출통제 이중용도 품목의 수출에 대한 허가제도를 시행한다.

개별허가(単項許可)는 수출경영자가 허가 유효기간 내에 한 번에 한 명의 최종 사용자에게 이중용도 품목을 수출할 수 있다. 통용허가(通用許可)는 수출경영자가 허가에 명시된 범위와 유효기간 내에 이중용도 품목을 여러 최종 사용자에게 여러 번 수출할 수 있도록 허용한다.

② 허가 주관 부서(제17조)

국무원 상무주관부서는 「수출통제법」에 따라 단독 또는 유관부서와 함께 이중용도 품목의 수출신청을 심사하여 허가 여부를 결정한다. 허가 결정이 내려지면 국무원 상무주관부서는 수출허가증을 일률적으로 발급한다. 허가 불허 결정이 내려진 경우, 신청인에게 적시에 통보하고 그 이유를 설명해야 한다.

③ 허가 소요 기간(제18조)

국무원 상무주관부서는 허가신청을 접수한 날로부터 45영업일 이내에 허가 여부를 결정한다. 45영업일 이내에 결정할 수 없는 경우 국무원 상무주관부서 책임자의 승인을 거쳐 10영업일을 연장할 수 있으며, 신청인에게 연장 이유를 고지해야 한다.

국가안보와 이익, 외교정책에 중대한 영향을 미치는 이중용도 품목의 수출에 대하여 국무원 상무주관부서는 국무원에 허가를 신청하거나 국무원·중앙군사위원회에 허가신청 후 결정할 수 있으며, 허가신청에 소요되는 시간은 제1항에 규정된 기한 내에 포함되지 않는다.

국무원 상무 주관부서가 수출신청에 대한 전문가 심사를 조직해야 하는 경우 필요한 시간은 제1항에 규정된 기한 내에 포함되지 않는다.

④ 허가의 유효기간(제19조)

이중용도 품목에 대한 개별허가의 유효기간은 일반적으로 1년을 초과하지 않으며, 통용허가의 유효기간은 2년을 초과하지 않는다.

⑤ 신청 서류(제20조)

이중용도 품목에 대한 수출허가를 신청하려면 국무원 상무주관부서에 신청하고, 이중용도 품목 수출 신청서를 성실하게 작성하고 다음 서류를 제출해야 한다.

(1) 이중용도 품목 수출 계약서 또는 협의서 사본
(2) 이중용도 품목의 기술 설명 또는 시험성적서
(3) 최종 사용자 및 최종용도 증명

(4) 수입자 및 최종 사용자 소개

(5) 신청인의 법정대리인, 주요 경영관리인 및 담당자의 신원증명서

(6) 국무원 상무주관부서가 요구하는 기타 문서

⑥ 수출허가증 변경(제21조)

이중용도 품목의 수출허가증을 변경해야 하는 경우, 수출경영자는 국무원 상무주관부서에 신청할 수 있으며, 국무원 상무주관부서는 심사를 거쳐 변경 허용 여부를 결정한다.

⑦ 위험을 발견한 경우(제22조)

국무원 상무주관부서는 이중용도 품목의 수출 활동에 다음과 같은 위험이 있음을 발견한 경우 유효기간 내 관련 허가를 철회하고 적시에 수출경영자에게 통지해야 한다.

(1) 국가안보와 이익 위협

(2) 대량살상무기 및 그 운반수단의 설계, 개발, 생산 또는 사용에 사용

(3) 테러 목적으로 사용

⑧ 통용허가 신청 조건(제23조)

다음 조건을 충족하는 수출경영자는 이중용도 품목에 대한 수출 통용허가를 신청할 수 있다.

(1) 이중용도 품목 수출통제 내부규정준수제도를 수립 및 운영하고 상황 양호

(2) 이중용도 품목 수출업에 2년 이상(2년 포함) 종사하고 여러 차례 이중용도 품목 수출허가 취득

(3) 상대적으로 고정된 판매 채널 및 최종 사용자 보유

(4) 국무원 상무 주관부서가 규정한 기타 조건

통용허가를 신청할 때, 수출경영자는 국무원 상무주관부서에 위의 조건을

충족함을 증명하는 자료를 제출해야 한다.

⑨ 통용허가 취득 이후 수출경영자의 의무(제24조)

통용허가를 받은 수출경영자는 정기적으로 국무원 상무주관부서에 허가증 사용을 보고하고 검사를 받아야 한다.

⑩ 허가신청이 면제되는 경우(제25조)

다음과 같은 상황에서 이중용도 품목의 수출은 허가신청을 면제할 수 있다.

(1) 입국 검사, 시험 또는 시험 후 합리적인 기간 내에 원래 수출지로 다시 운송

(2) 중화인민공화국 경내에서 개최되는 전시회에 참가하여 전시회가 끝난 후 즉시 원래의 수출지로 다시 운송

(3) 민간 항공기 부품의 해외 수리

(4) 국무원 상무주관부서가 규정한 기타 상황

수출경영자는 수출이 상기 조건에 부합한다고 판단하는 경우 수출 전에 국무원 상무주관부서에 등록해야 한다. 수출경영자가 수출이 더 이상 위의 조건에 부합하지 않는다는 사실을 알았거나 알아야 하는 경우 수출을 중단해야 한다. 계속 수출하는 경우에는 국무원 상무주관부서에 허가를 신청해야 한다. 국무원 상무주관부서는 전항의 수출경영자에게 즉시 수출을 중단하고 수출경영자에게 통지하도록 요구할 수 있다.

허가증 신청 면제에 대한 구체적인 방법은 국무원 상무주관부서가 규정한다.

⑪ 허가신청이 면제되지 않는 경우(제26조)

다음과 같은 경우에는 일반 허가 또는 허가신청 면제가 적용되지 않는다.

(1) 수출경영자가 5년 이내에 수출통제 위반으로 형사 또는 행정 처벌을 받은 적이 있는 경우

(2) 수출경영자가 1년 이내에 관련 활동 또는 행위로 인해 이중용도 품목의 수출통제 위반의 위험이 있어 상무주관부서로부터 규제 면담을 받거나 경고서한을 받은 경우

(3) 국무원 상무주관부서가 규정한 기타 상황

⑫ 상황허가(제27조)

이중용도 수출통제 목록에 기재된 이중용도 품목 또는 임시통제 이중용도 품목을 제외한 상품, 기술 및 서비스는 수출경영자가 알고 있거나 알아야 하거나 국무원 상무주관부서의 통지를 받거나, 관련 상품, 기술 및 서비스 수출에 다음과 같은 위험이 발생할 수 있는 경우 수출을 중단하기 위한 적극적인 조치를 취해야 하며, 여전히 수출이 필요한 경우 국무원 상무부에 허가를 신청해야 한다.

(1) 국가안보와 이익을 위협하는 경우

(2) 대량살상무기 및 그 운반수단을 설계, 개발, 생산 또는 사용하는 데 사용

(3) 테러 목적으로 사용

수출경영자는 수출 완료 후 3년 이내에 수출상품, 기술, 서비스에 제1항에 규정된 위험이 있음을 발견한 경우 즉시 국무원 상무부에 보고해야 한다.

라. 제4절 최종 사용자 및 최종용도 관리

① 최종 사용자 및 최종용도 증명서 제출(제28조)

수출경영자는 수출허가를 신청할 때, 최종 사용자가 발행한 최종 사용자 및 최종용도 증명서를 제출해야 한다. 국무원 상무주관부서는 필요한 경우, 수출경영자에게 최종 사용자가 위치한 국가 또는 지역의 정부기관에서 발행한 최종 사용자 및 최종용도 증명 문서를 동시에 제출하도록 요구할 수 있다.

수출경영자는 최종 사용자 및 최종용도 증명서가 위조, 만료되었거나 사기, 뇌물 및 기타 부정한 방법으로 취득 등 문제를 발견한 경우 즉시 국무원 상

무주관부서에 보고하고 국무원 상무주관부서가 관련 사항을 검사하도록 협조해야 한다.

② 최종 사용자의 의무(제29조)

이중용도 품목의 최종 사용자는 국무원 상무주관부서의 요구에 따라 최종 사용자 및 최종 용도 증명서에 서명해야 한다. 국무원 상무주관부서의 허가 없이 관련 통제품목의 최종 용도를 변경하거나 제3자에게 양도할 수 없다.

③ 최종 사용자 및 최종용도 변경(제30조)

수출된 이중용도 품목의 최종 사용자 또는 최종용도를 변경해야 하는 경우 국무원 상무주관부서의 허가를 받은 후에만 허가된 범위 내에서 변경할 수 있다. 최종 사용자와 수입업자는 원래 국내 수출경영자에게 국무원 상무주관부서에 신청서를 제출하도록 위탁할 수 있다.

수출경영자 또는 수입업자는 관련 이중용도 품목의 최종 사용자 또는 최종 용도가 변경되었거나 변경될 수 있음을 발견한 경우 즉시 국무원 상무주관부서에 보고해야 한다. 아직 수출되지 않았거나 일부는 수출되지 않은 경우 즉시 수출을 중단해야 한다.

④ 통제리스트 추가(제31조)

국무원 상무주관부서의 조사 후 수입업자 또는 최종 사용자가 「수출통제법」 제18조 1항[17)]에 규정된 상황이 있는 경우 국무원 상무주관부서는 이를 수출통제리스트(管控名单, restricted list, control list)에 추가해야 한다.

---

17) 「수출통제법」 제18조는 국가수출통제관리부서가 다음 상황 중 하나에 해당하는 수입업자 및 최종 사용자에 대한 수출관리제어리스트(管控名单, restricted list, control list)를 작성할 수 있는 권한을 부여하고 있다. 이때의 상황이란 ① 최종 사용자 또는 최종 사용 관리 요구 사항을 위반하는 행위 ② 국가안보와 이익을 위험에 빠뜨릴 수 있는 경우 ③ 테러 목적으로 통제품목을 사용하는 경우를 말한다.

국무원 상무주관부서는 통제리스트에 있는 수입업자 및 최종 사용자에 대한 이중용도 품목에 대해 다음과 같은 조치를 취할 수 있다. (1) 전부 또는 일부 수출금지; (2) 관련 허가신청을 허가하지 않음; (3) 이미 발급된 관련 허가증 철회; (4) 미완성 수출의 중지 명령; (5) 기타 필요한 조치

⑤ 수출경영자의 의무(제32조)

수출경영자는 규정을 위반하여 수출통제리스트에 포함된 수입업자 및 최종 사용자와 거래해서는 아니된다. 특수한 상황에서 수출업자가 수출통제리스트에 포함된 수입업자 및 최종 사용자와 이중용도 품목 거래를 해야 하는 경우 국무원 상무주관부서에 신청할 수 있다.

수출통제리스트에 있는 수입업자 및 최종 사용자와 관련된 수출은 통용허가, 허가신청 면제 등 허가 편의 조치에는 적용되지 않는다.

⑥ 통제리스트 제외(제33조)

통제리스트에 포함된 수입업자 및 최종 사용자는 국무원 상무주관부서에 관련 약속을 하고 모두 이행하거나 다른 조치를 취해야 하며, 통제리스트에 포함되어야 할 상황이 더 이상 존재하지 않는 경우 국무원 상무주관부서는 신청서에 따라 또는 직권에 따라 실제 상황에 의거하여 통제리스트에서 제외하기로 결정할 수 있다.

⑦ 최종 사용자 및 최종 용도 관리 시스템 구축(제34조)

국무원 상무주관부서는 관련 부서와 함께 이중용도 품목의 최종 사용자 및 최종 용도에 대한 관리 시스템을 구축하여 이중용도 품목의 최종 사용자 및 최종 사용을 평가 및 검증하고 최종 사용자 및 최종용도 관리를 강화할 수 있다.

마. 제5절 기타 수출통제조치

① 수출허가증 세관 제출(제35조)

수출 화물발송인18) 또는 대리통관기업이 이중용도 품목을 수출할 때, 국무원 상무주관부서에서 발급한 이중용도 품목 수출허가증을 세관에 제출하고 관련 국가 규정에 따라 수출 신고 절차를 거쳐야 한다.

제1항에 규정된 수출허가증을 제공하지 않는 경우 세관은 이를 반출하지 않는다.

② 대리, 운송, 배송, 세관 신고, 제3자 전자상거래 플랫폼 및 금융 등 서비스에 종사하는 조직 및 개인의 의무(제36조)

어떤 조직이나 개인도 이중용도 품목의 수출통제 위반에 종사하는 수출경영자에게 대리, 운송, 배송, 세관 신고, 제3자 전자상거래 플랫폼 및 금융 등의 서비스를 제공할 수 없다.

대리, 운송, 배송, 세관 신고, 제3자 전자상거래 플랫폼 및 금융 등 서비스에 종사하는 조직 및 개인은 수출경영자가 수출통제 위반에 종사하는 것을 발견한 경우 즉시 서비스를 중단하고 국무원 상무주관부서에 보고해야 한다.

③ 수출경영자 의무(제37조)

수출경영자는「수출통제법」, 본 조례의 규정 및 이중용도 품목의 수출통제 목록에 따라 수출신고 전에 수출할 물품, 기술 및 서비스가 통제범위에 속하는지 여부를 식별해야 하며, 확실히 식별할 수 없는 경우 국무원 상무주관부서에 문의할 수 있다. 국무원 상무주관부서는 적시에 답변하고 필요한 경우 전문가 검토를 조직할 수 있다.

----

18) 화물을 받는 사람을 뜻하는 '수하인'과 보내는 사람을 일컫는 '송하인'은 각각 화물수신인, 화물발송인으로 대체

④ 수출 화물발송인 의무(제38조)

수출 화물발송인은 수출신고 시, 국무원 상무주관부서에서 발급한 허가증을 세관에 제출하지 않고, 세관은 수출 물품이 이중용도 품목의 수출통제 범위에 속할 수 있다는 증거가 있는 경우 의문을 제기해야 한다.

수출 화물발송인 또는 대리통관기업은 동 조례 제37조의 규정에 따라 얻은 회답의견을 세관에 제공하거나 기타 자료를 제공하여 수출할 물품이 이중용도 품목의 수출통제 범위에 속하지 않음을 증명하는 경우, 세관은 조사 후 규정에 따라 수출수속을 밟는다.

질의기간 동안 세관은 국무원 상무주관부서에 조직 식별을 제출할 수 있다. 식별 결론에 따라 수출할 상품이 이중용도 품목의 수출통제 범위에 속하지 않는 경우 세관은 법에 따라 반출하고 통제범위에 속하는 경우 세관은 법에 따라 처리한다. 질의 또는 식별기간 동안 세관은 수출화물을 반출하지 않는다.

수출 화물발송인 또는 대리통관기업이 수출신고를 등록하기 위해 신청 면제 허가증을 소지할 때 세관은 국무원 상무주관부서로부터 통지를 받거나 실제 수출 상황이 등록 정보와 일치하지 않을 수 있다는 증거가 있는 경우, 반출하지 않고 법에 따라 처리해야 한다.

⑤ 수출경영자 서류 보관(제39조)

수출경영자는 이중용도 수출과 관련된 허가신청서류 사본과 허가서류 사본, 서류, 협의서, 회계장부, 업무 서신 및 기타 서류 및 자료를 5년 이상 보관하여야 한다. 국무원 상무주관부서는 관련 자료를 열람하고 복사할 권리가 있다.

(3) 제3장 감독관리

① 국무원 상무주관부서의 조사(제40조)

국무원 상무주관부서는 법에 따라 이중용도 품목의 수출 활동에 대해 감독검사 한다. 「수출통제법」 및 본 조례를 위반한 혐의가 있는 경우 국무원 상무주관부서는 「수출통제법」 제28조 제2항에 따라 조사할 수 있다.

② 수출통제 집행 조정 메커니즘 구축(제41조)

국무원 상무주관부서는 외교, 국가안보, 세관 등 기타 부서와 함께 범부처 이중용도 품목 수출통제 집행 조정 메커니즘을 구축하고, 유관부서, 지방을 통일적으로 조직하고 협조를 지도하여 이중용도 품목 수출통제를 집행한다. 여기에는 이중용도 품목의 수출통제에 관한 법률 및 법규 위반 혐의에 대한 모니터링 및 조기 경고, 위험 평가, 조사 및 처리, 법 집행과 관련 정보의 수집, 분석, 사용 및 교류 강화, 법에 따른 사건 이송이 포함된다.

③ 국무원 상무주관부서와 유관부서의 권한(제42조)

국무원 상무주관부서는 법에 따라 이중용도 품목의 수출통제 관리 업무를 수행하며, 국무원은 공공안전, 국가안보, 세관, 운송, 금융관리, 시장감독 관리, 우편 관리 등 감독관리부서 및 지방인민정부 및 관련 부서는 각자의 직책 범위 내에서 지원해야 한다.

국무원 상무주관부서는 단독으로 또는 유관부서와 함께 법에 따라 이중용도 품목의 수출통제에 대한 감독, 검사 및 조사를 실시하며, 관련 조직과 개인은 협조해야 하며 이를 거부해서는 아니 된다.

④ 이중용도 품목 감정 업무 위탁 및 수탁 기관의 의무(제43조)

이중용도 품목의 수출 활동을 감독 및 검사하거나 이중용도 품목의 수출통제에 관한 법률 및 규정 위반 혐의를 조사하기 위해 국무원 상무주관부서는 관련 부서와 협력하여 이중용도 품목 감정전문기관을 확정한다. 필요한 경우 국무원 상무주관부서는 기타 전문기관, 이중용도 품목 감정업무 전문가에게 위탁할 수 있다.

이중용도 품목 식별업무 위탁기관 또는 개인은 과학기술 또는 전문 지식을 사용하여 관련 기술 규칙 및 표준에 따라 검사, 시험 등의 방법으로 감정하고, 규정된 기한 내에 감정 의견을 제출하여야 하며, 감정 활동에서 알게 된 국가기밀 및 영업비밀은 유지해야 한다.

⑤ 국무원 상무주관부서의 조치(제44조)

이중용도 품목의 수출관리를 강화하고, 이중용도 품목의 불법 수출 위험을 방지하기 위해 국무원 상무주관부서는 「수출통제법」 제30조의 규정에 따라 관련 조직 및 개인에 대한 면담, 경고 서신 발행 등의 조치를 취할 수 있다.

⑤ 이중용도 품목 수출통제 정보 해외 제공 금지(제45조)

중화인민공화국 경내의 조직과 개인이 이중용도 품목의 수출통제와 관련된 정보를 해외에 제공하는 것은 법에 따라 이루어져야 하며, 국가안보와 이익을 위협할 수 있는 정보를 제공해서는 아니된다.

국무원 상무주관부서의 동의 없이 중국 공민, 법인 및 기타 조직은 외국 정부가 수행하는 수출통제 현장 방문 또는 심사를 수락하거나 수락할 것을 약속해서는 아니된다.

(4) 제4장 법률책임

① 위법행위 유형별 처벌

동 조례는 제46조부터 제54조까지 위법행위 유형별 처벌을 규정하고 있다. 제46조에서 제49조의 처벌내용은 「수출통제법」을 준용하고 있지만, 다른 위법행위에 대해서는 동 조례가 별도의 처벌규정을 두고 있다.

표 4-7 위법행위 유형에 따른 처벌내용

조항		위법행위 유형	처벌내용
제46조	제1항	허가 없이 이중용도 품목 수출, 허가범위를 넘는 수출, 수출 금지한 이중용도 품목 수출	「수출통제법」 제34조
	제2항	실제 수출 상황이 허가등록 면제 당시 정보와 일치하지 않을 경우, 무허가 수출로 간주	
	제3항	허가증을 취득한 후 수출을 완료하기 전에 수출업자가 동 조례 제30조 제2항의 상황을 알거나 알아야 하는데도 허가증을 사용하여 수출하는 경우 허가증에 규정된 허가범위를 초과하여 수출한 것으로 간주	
제47조		사기, 뇌물 등 부정한 방법으로 이중용도 수출허가증을 취득하거나 이중용도 수출허가증을 불법 양도하거나 이중용도 수출허가증을 위조, 변조, 매매하는 행위	「수출통제법」 제35조
제48조		수출경영자가 이중용도 품목 수출통제 위반에 종사하는 것을 알면서도 대리, 화물, 우편, 세관 신고, 제3자 전자상거래 플랫폼 및 금융 등의 서비스를 제공하는 경우	「수출통제법」 제36조
제49조		수출경영자는 동 조례의 규정을 위반하여 관리목록에 포함된 수입자 및 최종 사용자와 거래	「수출통제법」 제37조
제50조	제1항	수출경영자가 동 조례 제27조, 제28조, 제30조에 규정된 보고의무를 이행하지 않을 경우	국무원 상무주관부서에서 시정을 명하고 경고하며, 정황이 엄중한 경우 10만 위안 이상 30만 위안 이하의 벌금을 부과
	제2항	이중용도 수출경영자에게 대리, 운송, 우편, 세관신고, 제3자 전자상거래 플랫폼 및 금융 등의 서비스를 제공하고 이 조례 제36조에 규정된 보고의무를 이행하지 아니한 경우	국무원 상무주관부서는 시정을 명하고 경고하며 상황이 엄중한 경우 10만 위안 이상 30만 위안 이하의 벌금을 부과
제51조		「최종 사용자 및 최종용도설명」 신청인이 국무원 상무주관부서에 한 약속을 위반하거나 기타 「최종 사용자 및 최종용도설명」 관리규정을 위반한 경우	국무원 상무주관부서는 경고, 위법소득 몰수, 위법경영액 20만 위안 이상, 위법경영액 5배 이상 10배 이하의 벌금, 위법경영액이 없거나 위법경영액 20만 위안 미만인 경우 20만 위안 이상 200만 위안 이하의 벌금을 병과할 수 있음
제52조	제1항	이중용도 품목 대리, 대리, 운송, 우편, 세관 신고, 제3자 전자상거래 플랫폼 및 금융 등 서비스에 종사하는	처벌 감경

조항		위법행위 유형	처벌내용
		수출경영자 및 관련 조직 및 개인은 다음 상황 중 하나에 해당하는 경우 (1) 주동적으로 위법행위 위해의 결과를 제거하거나 경감 (2) 다른 사람의 협박이나 기만을 받아 위법행위 (3) 국무원 상무주관부서가 파악하지 못한 위법행위를 자발적으로 진술 (4) 국무원 상무주관부서와 협력하여 이중용도 수출통제 위반행위를 조사하고 처벌하는 데 공로	
	제2항	수출경영자 및 이중용도 품목 대리, 운송, 우편, 세관 신고, 제3자 전자상거래 플랫폼 및 금융 등 서비스에 종사하는 관련 조직 및 개인은 수출통제 내부 준수 시스템을 구축하고 운영 상황이 양호하여 불법 행위 피해의 결과가 더 이상 확대되지 않는 경우	국무원 상무주관부서는 상황을 참작하여 그에 대해 가벼운 처벌을 내릴 수 있음
제53조		본 조례의 규정을 위반하여 처벌을 받은 수출경영자	처벌 결정이 발효된 날부터 국무원 상무주관부서는 5년 이내에 그가 제출한 수출허가 신청을 수리하지 않을 수 있으며, 직접 책임자 또는 기타 직접 책임자는 5년 이내에 관련 수출업 활동을 금지할 수 있으며, 수출통제 위반으로 형사처벌을 받은 자는 평생 관련 수출업 활동을 할 수 없음
제54조		수출경영자가 「수출통제법」과 본 조례 규정을 위반한 경우	국무원 상무주관부서는 법에 따라 관련 신용기록에 포함시켜야 함

출처: 필자 정리

2) 희토류 관리 조례(의견수렴안)

(1) 입법목적 및 적용 범위

희토류 산업의 관리를 규범화하고, 희토류 자원의 합리적인 개발 및 활용을 보장하며, 희토류 산업의 지속 가능하고 건강한 발전을 촉진하고, 생태 환경과 자원의 안전을 보호하기 위해 이 조례를 제정한다(제1조).

이 조례는 중화인민공화국 국경 내에서 희토류 채굴, 제련 및 분리, 금속 제련, 종합 이용 및 제품 유통 등 활동에 적용된다(제2조).

(2) 관리체계

국무원은 희토류 관리 조정 메커니즘을 구축하고, 희토류 관리 주요 정책을 연구 및 결정하며, 희토류 관리 주요 문제를 조정하고 해결한다(제3조 제1항).

현급 이상 인민정부의 공업정보화 주관부서는 희토류 산업의 관리를 책임지고 발전개혁, 공안, 재정, 천연자원, 생태환경, 상업, 긴급관리, 국유자산, 세관, 세무, 시장감독관리 등 부서는 각자의 책임 범위 내에서 희토류 관리와 관련된 업무를 담당한다(제3조 제2항).

(3) 프로젝트 심사허가

희토류 채굴 프로젝트 또는 희토류 제련 분리 프로젝트의 투자 및 건설은 「기업 투자 프로젝트 승인 및 기록 관리조례」 규정에 따라 심사허가 절차를 거쳐야 한다. 심사허가 없이는 어떤 조직이나 개인도 희토류 채굴, 희토류 제련 및 분리 프로젝트 건설에 투자할 수 없다(제7조 제1항).

프로젝트 심사허가기관은 심사허가된 희토류 채굴 및 희토류 제련 분리 투자 프로젝트 목록을 국무원 공업정보화 주관부서에 제출해야 하며, 국무원 공업정보화 주관부서는 정기적으로 대중에게 공포해야 한다(제7조 제2항).

(4) 총량 지표 관리

국가는 희토류 채굴, 희토류 제련 및 분리에 대한 총량 지수 관리를 구현한다. 국무원 공업정보화 주관부서는 국무원발전개혁, 천연자원 등 부서와 함께 희토류 산업 발전 계획, 광물자원 계획 및 국가 산업 정책에 따라 환경 수용 능력, 자원 잠재력, 시장 수요 및 채굴, 제련 및 분리 기술 수준과 같은 요소를 종합적으로 고려하여 희토류 총 채굴 지표와 희토류 제련 및 분리 총량 지표를 연구하고 공식화하며 국무원에 보고하여 허가를 받은 후 대중에게 공포한다(제8조 제1항).

천연자원과 생태환경을 보호하기 위해 국가는 희토류 채굴, 희토류 제련 및 분리를 제한하거나 중단하기 위해 필요한 조치를 취할 수 있다.

(5) 지표 사용 방안

국무원 공업정보화, 천연자원 주관부서는 국무원이 허가한 총량지표에 따라 다음 요소를 종합적으로 고려하여 총량지표 사용계획을 결정한다. (1) 국가 지역 경제정책, 희토류 산업 배치 요구, (2) 기업의 생산 능력, 생산 경영 상황, (3) 전년도 총량지표집행 상황, (4) 원재료 전환 효율, 안전한 생산, 녹색환경 보호, 스마트 제조 등 상황이다(제9조).

(6) 제품 이력추적

국무원 공업정보화 주관부서는 국무원 천연자원, 세관, 세무 등 부서와 함께 희토류제품추적 정보시스템을 구축한다(제14조 제1항).

희토류 채굴 기업, 희토류 제련 분리 기업, 희토류 금속 제련 기업은 생산 및 판매 데이터와 포장 및 송장 정보를 추적 정보시스템에 입력해야 한다(제14조 제2항).

희토류 제품의 포장은 관련 강제성 국가 표준을 준수해야 하며, 희토류 제품의 출처 기업을 표시해야 한다.

(7) 수출통제법 준수

희토류 제품 수출입 기업은 대외무역, 수출통제 등 법률법규를 준수해야 한다(제15조).

(8) 비축 관리

국가는 희토류 자원 지역과 희토류 제품을 전략적으로 비축한다(제16조 제1항).

희토류 전략 비축 자원지역은 국무원 천연자원 부서에서 지정하고 시행한다. 국가 전략 비축에 포함된 자원지역은 소재지 현급 이상 지방 인민정부가 감독하고 보호해야 하며, 국무원 천연자원 부서의 허가 없이 채굴할 수 없다(제16조 제2항).

희토류 제품의 전략적 비축은 정부 비축과 기업 비축이 결합된 비축 메커니즘을 구현한다. 희토류 제품의 전략적 비축 계획은 국무원국무원 발전, 재정부와 함께 국무원 공업정보화 부서가 제안하고, 국가전략물자비축계획에 포함시키고, 조직시행, 감독검사한다. 구매 및 보관된 희토류 제품은 희토류 제련 및 분리의 총 지표에 포함되어야 하며 승인 없이 사용할 수 없다(제16조 제3항).

(9) 검사제도

현급 이상 인민정부의 공업정보화 주관부서는 공안, 천연자원, 생태환경, 상업, 세관, 시장감독, 세무, 긴급관리 등 부서와 함께 희토류 채굴, 제련 분리 및 금속 제련, 종합이용 등 기업의 감독관리를 강화하고, 무작위 검사를 기반으로 하는 일상감독관리 시스템을 구축하고, 무작위 검사 항목 목록을 게시하고, 검사 인력을 무작위로 선택하며, 검사 기업을 무작위로 선택한다. 무작위 검사 및 조사 결과는 적시에 대중에게 공포한다(제17조).

(10) 행정강제조치

현급 이상 지방 인민정부 공업정보화 주관부서는 감독검사 과정에서 위법행위가 의심되는 경우 다음과 같은 강제조치를 취할 수 있다. (1) 희토류 제품 및 설비 압류 (2)희토류 제품을 생산 또는 판매하는 장소 봉쇄(제18조)

(11) 신용체계

희토류 채굴, 희토류 제련 분리, 희토류 금속 제련, 희토류 종합 이용 등 기업이 본 조례 규정을 위반하여 행정처벌을 받은 경우, 현급 이상 지방 인민정부의 관련 부서는 처벌 정보를 신용 기록에 기록하고 국가신용정보공유플랫폼에 포함해야 한다(제19조).

(12) 위법유형에 따른 처벌

조항	제목	규정 내용
제20조	총량 지표 위반 채굴, 분리	희토류 채굴 기업, 희토류 제련 분리 기업이 총량 지표 사용 방안을 위반하여 희토류 채굴, 희토류 제련 분리 또는 불법 채굴 희토류 제품을 가공하는 경우, 천연자원, 공업정보화 주관부서는 책임 분담에 따라 위법행위를 중지하고 희토류 제품과 불법 소득을 몰수하고, 불법 소득의 1배 이상 5배 이하의 벌금을 부과한다. 위법 소득이 없을 경우 10만 위안 이상 100만 위안 이하의 벌금에 처한다. 상황이 엄중한 경우 시장감독관리부서가 법에 따라 영업 허가증을 취소할 때까지 생산을 중단하도록 명령한다.
제21조	불법제련 분리	희토류 종합이용기업이 희토류를 함유한 2차 자원 이외의 희토류 제품을 원료로 사용하여 제련, 분리 및 생산 활동에 종사하는 경우 공업정보화 주관부서는 불법 행위를 중지하고 희토류 제품과 불법 소득을 몰수하고 불법 소득의 1배 이상 5배 이하의 벌금을 부과한다. 불법 소득이 없을 경우 10만 위안 이상 100만 위안 이하의 벌금에 처한다. 상황이 엄중한 경우 시장감독관리부서가 법에 따라 영업 허가를 취소할 때까지 생산을 중단하도록 명령한다.
제22조	불법 판매	본 조례의 규정을 위반하여 불법 채굴, 제련으로 분리된 희토류 제품을 구매, 판매한 자는 공업정보화 주관부서에서 관련 부서와 함께 희토류 제품과 불법 소득을 몰수하고 불법 소득의 1배 이상 5배 이하의 벌금을 부과한다.
제23조	제품 이력추적 위반	희토류 채굴 기업, 희토류 제련 분리 기업, 희토류 금속 제련 기업이 희토류 제품 이력추적 정보 시스템에서 데이터 정보를 위조하는 경우 관련 관리부서는 시정을 명령하고 50만 위안 이하의 벌금을 부과할 수 있다.
제24조	비축량 마음대로 사용하는 경우	희토류 제품의 전략적 비축량을 허가 없이 마음대로 사용하는 경우 국무원 발전개혁부서는 시정을 명령하고 불법 소득을 몰수하며 불법 소득의 1배 이상 5배 이하의 벌금을 부과한다. 불법 소득이 없을 경우 10만 위안 이상 100만 위안 이하의 벌금에 처하고 직접 책임

조항	제목	규정 내용
		자와 기타 책임자는 법에 따라 처벌한다.
제25조	직무유기	희토류 관리를 담당하는 부서와 기타 관련 부서의 직원이 감독 관리 업무에서 직권을 남용하거나 직무를 태만히 하거나 개인의 이익을 위해 부정한 행위를 한 경우 법에 따라 처벌한다.
제26조	감독검사 방해	이 규정의 규정을 위반하거나 관련 자료의 제공을 거부하거나 허위 자료의 제공을 거부거나 감독검사를 방해하거나 증거를 은닉, 인멸 또는 이전하는 경우 감독검사부서는 시정을 명령하고 경고하며 20만 위안 이하의 벌금을 부과할 수 있다.
제27조	공안과 형사처벌	본 조례 규정을 위반하여, 치안 관리 위반 행위를 구성하는 경우, 공안 기관에서 법에 따라 처벌한다. 범죄를 구성하는 경우 법에 따라 형사책임을 추궁한다.

출처: 필자 정리

(13) 용어 정의

용어	내용
희토류	란탄, 세륨, 프라세오디뮴, 네오디뮴, 프로메튬, 사마륨, 유로퓸, 가돌리늄, 터븀, 디스프로슘, 홀뮴, 어븀, 툴륨, 이터븀, 루테튬 17가지 원소의 총칭
희토류 채굴	희토류 광물 제품의 획득을 직접 목적으로 하는 착암, 폭파, 충채 또는 굴착과 같은 공정의 생산 공정을 말함
희토류 제련 분리	희토류 광물을 제련 및 분리한 후 생성되는 다양한 단일 또는 혼합 희토류 산화물, 염 및 기타 화합물의 생성 과정을 말함
희토류 금속 제련	하나 이상의 희토류 산화물을 원료로 하여 용융염 전해법, 금속 열환원법 또는 기타 방법을 사용하여 금속을 제조하는 생산 공정을 말함
희토류 제품	희토류 광물 제품, 단일 희토류 화합물, 혼합 희토류 화합물, 단일 희토류 금속, 혼합 희토류 금속 등을 포함

출처: 필자 정리

3) 2024년판 이중용도 품목 및 기술 수출입허가증 관리목록

2023년 12월 29일 상무부와 해관총서는 2024년 1월 1일부터 시행되는 「이중용도 품목 및 기술 수출입허가증 관리목록(兩用物项和技术出口许可证管理目

录)」19)을 공고하였다. 동 목록은 총 12개의 분야로 구분되는데, 12개 분야는 아래와 같다. 이로써 2022년에 공고된 「이중용도 품목 및 기술 수출허가증 관리목록」은 동시에 폐지된다. 2024년판 「이중용도 품목 및 기술 수출허가증 관리목록」은 크게 이중용도 품목과 기술 중에서 수입허가증 관리목록과 수출허가증 관리목록으로 구분된다. 수출허가증 관리목록 중에서도 (i) 일부 이중용도 품목 및 기술과 (j) 특수 이중용도 품목 및 기술의 정류는 2023년도에 비해 대폭 증가하였으며, 2023년 임시수출통제 품목이었던 드론이 추가되었다.

표 4-8 이중용도 품목 및 기술 수출허가증 관리목록

구분	목록
I. 이중용도 품목 및 기술 수입허가증 관리목록	(a) 「감독관리 화학품 관리조례」목록의 항목 74종류
	(b) 이제독화학품 54종류
	(c) 방사성동위소 10종류
	(d) 상용 비밀번호 수입허가 목록 4종류
II. 이중용도 품목 및 기술 수출허가증 관리목록	(a) 핵 수출통제 목록의 품목과 기술 159종류
	(b) 핵 이중용도 물품 및 관련 기술 수출통제 목록의 품목 및 기술 196종류
	(c) 생물 이중용도 및 관련 설비 및 기술 수출통제 목록의 품목 및 기술 144종류
	(d) 「감독관리 화학품 관리조례」목록의 품목 74종류
	(e) 관련 화학품 및 관련 설비·기술 수출통제 목록의 품목 및 기술 38종류
	(f) 미사일 및 관련 품목 및 기술 수출제한 목록의 품목 및 기술 186종류
	(g) 이제독화학품(1) 54종류
	(h) 이제독화학품(2) 17종류
	(i) 일부 이중용도 품목 및 기술 13종류
	(j) 특수 이중용도 품목 및 기술 27종류
	(k) 상용 비밀번호 수출제한 리스트 11종류
	(l) 임시수출통제무인기 1종류

출처: 필자 정리

---

19) 两用物项和技术出口许可证管理目录, 2023.12.29., http://images.exportcontrol.mofcom.gov.cn/uploadfile/attach/202312/29/20231229213135264.pdf

4) 2024년판 중국 수출금지 · 제한기술목록

2023년 12월 21일 상무부와 과기부는 2024년 1월 1일부터 시행되는 「중국 수출금지 · 제한기술목록(中国禁止出口限制出口技术目录)」[20]을 공고하였다.[21] 동 목록은 수출금지 기술목록과 수출제한 기술목록으로 구분된다. 군사용과 민간용으로 이중 용도로 사용되는 기술은 수출통제의 대상이 된다. 이로써 2020년에 공고된 「중국 수출금지 · 제한기술목록」은 동시에 폐지된다. 수출금지 목록은 총 24종류이며, 수출제한 목록은 총 11종류이다. 개정된 목록은 통제품목 수를 164건에서 134건으로 줄였다. 이 중 삭제 34건, 추가 4건, 수정 37건이다. 이러한 변화는 여러 산업 및 기술 영역에 영향을 미친다. 주목할 만한 변화에는 레이저 레이더 시스템에 대한 새로운 제어기술과 비철금속에 대한 야금 기술에 대한 수정된 제어기술이 포함된다.

관련 기사 1 ─────────────────────────────

2023년 12월 21일에는 '중국 수출금지 및 제한 기술목록' 개정안 공고를 통해 희토류 정제 · 가공 · 활용 관련 4개 기술에 대한 수출을 금지한다고 발표한 바 있다.

산업부는 해당 목록은 기술에 대한 수출금지 · 제한 조치로 희토류 품목이 아닌 기술에 한정하고 있고, 국내에서는 주로 정 · 제련된 희토류를 수입, 가공하고 있어 국내 산업에 미치는 영향은 제한적이라는 입장이다.

출처: 한국일보[22]

---

20) http://images.mofcom.gov.cn/fms/202312/20231221153855374.pdf

21) http://exportcontrol.mofcom.gov.cn/article/zcfg/gnzcfg/zcfggzqd/202312/941.html

22) https://www.weeklytrade.co.kr/news/view.html?section=1&category=136&no=90414

표 4-9 「중국 수출금지·제한 기술목록」 수출금지 부분

번호	업종 분야	번호	기술명칭	통제 쟁점
12	비철금속 제련과 압연 가공 공업	083201J	희토류의 정제·가공·이용 기술	1. 희토류 추출 분리 공정 기술 2. 희토류 금속 및 합금재료의 생산기술 3. 사마리움 코발트, 네오디뮴 철붕소, 세륨 자석 제조기술 4. 희토류 붕산칼슘 제조기술

출처: 필자 정리

2023년에 발표된 이러한 변동 사항은 중국 수출통제 조치의 복잡하고 진화하는 성격을 반영한다. 따라서 이해 당사자는 이러한 수출통제 조치가 자신의 운영에 적용되는지 주의 깊게 검토하고 관련 발전을 지속적으로 모니터링해야 한다.[23]

4. 수출통제 관련 주요 부문규장

1) 이중용도 품목 수출경영자의 수출통제 내부규정준수 메커니즘 구축에 관한 상무부 지도의견

중국 상무부는 2021년 4월 28일 「이중용도 품목 수출경영자의 수출통제 내부규정준수 메커니즘 구축에 관한 상무부 지도의견(商务部关于两用物项出口经营者建立出口管制内部合规机制的指导意见)」(이하 '「지도의견」')[24]을 공포하였다.

---

23) Jing Zhang, "KEY CHANGES AND UPDATES TO CHINESE EXPORT CONTROLS IN 20 23", MayerBrown, 2024.2.1., pp.1－2, http://www.mofcom.gov.cn/article/zwgk/zcfb/ 202104/20210403056267.shtml

24) 商务部安全与管制局, "商务部公告2021年第10号 《商务部关于两用物项出口经营者建立出口管制内部合规机制的指导意见》", 2021.4.28., http://www.mofcom.gov.cn/article/zwgk/zcfb /202104/20210403056267.shtml

표 4-10 「지도의견」 구성 및 주요 내용

구성		내용
1. 지도 사상		수출통제를 위한 내부 규정 준수 메커니즘을 구축 및 개선
2. 기본원칙	(1) 합법성 원칙	수출경영자는 국가 수출통제 법률 및 규정의 엄격한 이행을 고려해야 하며, 합법적이고 규정을 준수하는 운영의 중요성을 완전히 이해해야 함. 수출경영자의 수출통제 법규를 준수해야 하며, 법규를 위반하는 경우 수출경영자는 상응하는 법적 책임을 준수해야 함.
	(2) 톡립성 원칙	내부규정준수 메커니즘은 수출경영자 관리 시스템의 중요한 부분이며 운영관리 시스템은 독립적으로 존재함.
	(3) 실효성 원칙	수출경영자는 수출통제를 위한 효과적인 내부규정준수 메커니즘을 구축하고, 높은 수준의 관심, 완전한 참여, 전체 프로세스 관리, 정기적인 평가 및 지속적인 개선을 갖춘 운영 시스템을 달성
3. 기본요소	(1) 정책 성명 개발	
	(2) 조직기구 확립	
	(3) 종합적인 위험 평가	
	(4) 심사 절차 확립	
	(5) 긴급조치 제정	
	(6) 교육 훈련 시행	
	(7) 규정 준수 감사 개선	
	(8) 데이터 파일 보관	
	(9) 관리 매뉴얼 준비	
4. 촉진조치		수출경영자에게 구체적인 참고 자료를 제공하기 위해 「이중용도 품목 수출통제에 대한 내부규정준수 지침」 발표
5. 기타사항		상무부의 「최종 사용자 및 최종사용 설명」을 신청하는 수출경영자는 본 지도의견의 관련 원칙과 요소를 참조하고, 수입통제를 포함한 내부규정 준수 메커니즘을 확립하고, 관련 약속을 엄격히 준수

출처: 필자 정리

　　「지도의견」은 상무부가 내부규정준수 메커니즘을 구축하고 촉진하기 위하여 수출경영자의 참고 자료로서 「이중용도 품목 수출통제내부준수지침(兩用物项出口管制内部合规指南)」25)을 부칙으로 첨부하였다.

....

25) http://images.mofcom.gov.cn/aqygzj/202104/20210428182950304.pdf

5. 국제수출통제체제와 중국의 이행

1) 국제사회의 수출통제를 위한 노력

전략물자란 대량살상무기(Weapons of Mass Destruction, WMD) 및 재래식 무기와 그 운반수단인 미사일의 제조·개발·사용 등에 사용될 수 있는 물품과 기술을 의미하며, 국제평화와 안전유지를 위해 관리되고 있다. 전략물자에는 군용 품목뿐만 아니라 산업용 품목들이 다수 포함되어 있으며, 이러한 품목들은 이중용도 품목으로 분류되어 통제되고 있다. 이중용도 품목은 산업 용도를 목적으로 생산되어 거래되기 때문에 거래 당사자들이 그 위험성을 인지하기 어렵고 최종용도와 최종 사용자에 대한 관리가 철저히 이행되지 않으면 우려 용도로 사용을 방지할 수 없다.[26] 따라서 국제사회는 다양한 메커니즘을 통해 전략물자를 관리하고 있다.[27]

(1) UN 안전보장이사회 결의에 의한 통제

수출통제의 국제규범성의 효시인 '결의 1540호'[28]는 개별국가들이 국제법과 국내법에 따라 대량파괴무기의 확산에 기여하는 물품, 기술, 서비스의 이전, 제공, 이에 관련된 자금이전 및 지원행위를 통제하도록 촉구하고 있다. 그러나 세부 이행기준에 대해서는 구체적인 기준을 제시하지 않고 개별국가에게 위임을 하고 있다. 개별 국가의 국내법에 위임을 하고 있기에 국가별로 이행에 있어서 차이가 존재하고 있다.

---

26) 임채욱, "한국의 전략물자 수출통제 제도와 충실한 이행", 한국국방연구원, 2019, 1면.
27) 박언경·서철원, "전략물자수출관리법제 입법평가와 개선방안 – 대외무역법을 중심으로 –", 국제경제법연구, Vol. 16, N. 1, 2018, 160–161면.
28) UN S/Res/1540(2004) Paras. 1–3, 10.

(2) 국제조약에 의한 통제

국제사회는 핵비확산 조약(Treaty on the Non-Proliferation of Nuclear Weapons, NPT), 생물무기금지협약(Biological Weapons Convention, BWC), 화학무기 금지협약(Chemical Weapons Convention, CWC), 무기거래조약(Arms Trade Treaty, ATT) 등의 국제조약에 의해 수출통제하고 있다. 국제조약의 경우 국제규범성에 대해서는 논의의 여지가 없으나, 첨예한 이해관계의 대립에서 이루어지는 협상 과정에서 내용이 추상성을 가진다는 점과 비가입국가에 대한 통제를 실시할 수 없다는 점에 대해서는 단점으로 작용한다.

(3) 다자간 수출통제체제에 의한 통제

국제사회는 바세나르체제(Wassenaar Arrangement on Export Controls for Conventional Arms and Dual-Use Goods and Technologies, WA), 핵공급국그룹 (Nuclear Suppliers Group, NSG), 호주그룹(AustraliaGroup, AG), 미사일기술통제체 제(Missile Technology Control Regime, MTCR) 등의 다자간 수출통제체제를 통해서 전략물자를 통제하고 있다. 이들 다자간 수출통제체제는 법적 의무가 부여되는 국제조약은 아니지만, 홍콩, 싱가포르 등 비회원국들도 다자간 수출통제체제가 정한 전략물자를 통제한 사례가 있고, 북한, 이란 등 우려국 제재 시에도 해당 기준이 활용되고 있다.[29]

즉 다자간 수출통제체제는 일종의 연성법(soft law)[30]이다. 따라서 다자간 수출통제체제는 회원국에게 의무이행의 부담을 부과하지 못한다는 한계가 있 다.[31] 그러나 회원국들 간에 적극적인 협의를 통해 수출통제 기준, 방식, 수출

---

29) 임채욱, 앞의 글, 2-3면.
30) 구속력이 없는 조항 및 문서로 정의되는 연성법(soft law)은 비록 '법'(law)이라는 표기를 사용하고 있고 자체가 법은 아니다. 다만 새로운 국제법의 연원으로써의 의미를 가진다. Malcolm N. Shaw,International Law(Cambridge university Press, 1997), pp. 89, 93-94.
31) 박언경·서철원, 상동.

통제 대상 국가 및 수출통제품목의 목록을 작성하여 공유할 수 있어 국제조약에 의한 방식보다 실용적이고 효과적으로 통제할 수 있는 장점이 있다.

(4) 개별 국가의 수출통제 법령에 의한 통제

우리나라 「대외무역법 시행령」 제32조에 따르면, 「대외무역법」 제19조 제 1항에서 대통령령으로 정하는 국제수출통제체제란 바세나르체제, 핵공급그룹, 미사일기술통제체제, 오스트레일리아그룹, 화학무기의 개발·생산·비축·사용 금지 및 폐기에 관한 협약, 세균무기(생물무기) 및 독소무기의 개발·생산·비축 금지 및 폐기에 관한 협약, 무기거래조약"을 말한다. 즉 우리나라 법령에 따르면 국제수출통제체제에는 다자간 수출통제체제와 국제조약이 포함된다. 우리나라는 국제수출통제체제의 회원국이자 당사국으로서 이들 국제조약과 다자간 수출통제체제를 이행하기 위하여 국내법과 제도를 정비하여 체계적으로 운영하고 있다.

표 4-11 한·중 양국의 국제수출통제체제 이행

구분	명칭	국제조약 발효일/다자간 수출통제체제 설립 연도	당사국/회원국 (2024년 2월 기준)	한국	중국
UN 안전보장이사회 결의	UN 안전보장이사회 결의 1540호	1945	192	1991	1971
국제조약	NPT	1970	190	1975	1992
	CWC	1997	193	1997	1997
	BWC	1975	185	1987	1984
	ATT	2014	113	2017	2020
다자간 수출통제체제	WA	1996	42	1996	-
	NSG	1978	48	1995	2004
	MTCR	1987	35	2001	-
	AG	1985	43	1996	-
	ZC	1974	39	1995	1997

구분	명칭	국제조약 발효일/다자간 수출통제체제 설립 연도	당사국/회원국 (2024년 2월 기준)	한국	중국
개별 국가의 수출통제 법령	한국	• 1987년 「대외무역법 시행령」 개정을 통해 처음으로 법적 근거 마련 • 1989년 「대외무역법 시행령」 개정을 통해 전략물자 수출허가제도 도입 • 1992년 「대외무역법」 개정을 통해 제도의 근거를 명확히 함 • 2002년 「전략물자수출입공고」 개정하여 캐치올 통제 도입, 2003년부터 본격 시행 • 2005년 온라인 전략물자관리시스템(Yestrade)을 개발하여 선진화된 전략물자관리 행정 서비스 제공 • 2007년부터는 「대외무역법」에서 캐치올제도에 '상황허가'라는 명칭부여 관리 • 2007년 중개허가 및 이동중지명령 조항을 「대외무역법」에 신설 • 2007년 「대외무역법」을 근거로 전략물자관리원이 설립되어 전략물자 전문판정, 교육 및 홍보 등의 활동을 통해 산업계와 학계의 제도 관련 인식을 제고하고, 이행지원을 위한 매우 중요한 기반을 마련 • 2009년 전략물자의 경유 및 환적에 대한 허가제도 도입 • 2014년 전략물자의 개발·이용·보관 등과 관련된 전략기술을 관리하기 위해 해당 기술의 팩스·이메일·컨설팅 등을 통한 무형 이전을 수출통제 대상으로 지정하여 관리 • 2024년 「대외무역법」을 개정하여 수출통제를 경제안보와 무역안보의 핵심으로 하여 전략물자관리원 명칭 및 조직 확대 개편		
	중국	-본 서의 제4장과 제5장 참고			

출처: 필자 정리

한편 중국도 국제수출통제체제를 이행하기 위하여 노력하고 있다.[32] 중국은 UN 안전보장이사회의 결의를 이행하기 위하여 국가이행보고서(National Implementation Reports)를 제출하고 있다. 특히 북한이 2006년 이후 진행한 6차례의 핵실험과 관련하여, UN 안전보장이사회는 북한의 행위를 규탄하기 위하여 안전보장이사회의 결의 제1718호[33] 이후 다수의 결의안을 채택하였고, 중국을 포함한 세계 각국은 이 결의안에 대한 국가이행보고서를 제출하고 있다.[34]

중국은 국제조약에 가입함으로써, 국제의무를 이행하기 위해 노력하고 있다. 1984년에 BWC, 1992년에 NPT, 1997년에 CWC, 2020년 ATT에 각각 가입하였다. 이외에도 2004년 다자간 수출통제체제인 NSG에 가입하였다. 중국은 AG에는 가입하지 않았지만, AG의 관련 통제리스트를 중국의 조례에 포함하여 이행하고 있고, 1997년에는 쟁거위원회(Zangger Committee, ZC)에도 가입하였다. 쟁거위원회는 NPT 제3조 2항 규정에 따라, 안전조치 적용이 없는 핵 물질 및 장비의 비보유국 수출금지 의무를 이행하기 위해 설립된 수출통제체제이다.

---

32) 최서지, "중국의 국제수출통제제도 이행과 시사점 – 수출통제법(초안)을 중심으로", 중국법연구, 제43집, 2020, 113 – 140면.

33) S/RES/1718(2006)

34) United Ntions Security Council, Implementation Reports, https://www.un.org/security council/sanctions/1718/implementation – reports

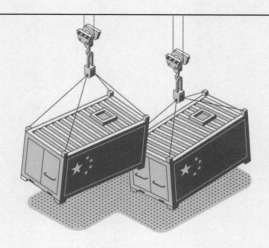

CHAPTER 05

중국 新수출통제제도의 주요 내용

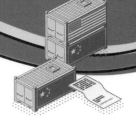

중국 신(新)수출통제제도의 주요 내용

I 중국 「수출통제법」의 구성

중국 「수출통제법」은 〈표 5-1〉에서처럼 총 5개 장, 49개 조항으로 구성
되어 있다.

표 5-1 중국의 「수출통제법」 구성 및 내용

구분	조항	주요 내용
제1장 총칙	제1조-제7조	• 수출통제 목적(제1조) • 통제품목 및 통제범위(제2조) • 총체적 국가안보관(제3조) • 수출통제제도 시행(제4조) • 국가수출통제관리부서의 역할(제5조)
제2장 통제정책, 통제리스트, 통제조치	제8조-제27조	• 수출통제조치(제8조) • 임시수출통제조치(제9조) • 수출금지조치(제10조) • 수출경영자 자격(제11조) • 허가제도 및 상황허가(제12조) • 허가 심사기준(제13조) • 통용허가(제14조)

구분	조항	주요 내용
		• 최종 사용자 관리(제15조)
		• 최종용도 및 제3자 양도 금지(제16조)
		• 최종 사용자 및 최종용도 위험관리체도 수립(제17조)
		• 수입자 및 최종 사용자 통제리스트(제18조)
		• 화물발송인과 대리통관수속기업의 의무(제19조)
		• 대리, 운송, 택배, 통관수속, 제3자 전자상거래플랫폼 및 금융 서비스 제공 금지(제20조)
		• 이중용도 품목의 수출관리(제21조-제22조)
		• 군수품의 수출관리(제23조-제27조)
제3장 관리감독	제28조-제32조	• 수출관리 당국 및 주관부서의 감독
제4장 법적책임	제33조-제44조	• 법률 위반 시 처벌사항
제5장 부칙	제45조-제49조	• 역외적용(제45조) • 발효 일자(제49조)

출처: 필자 정리

II 입법의 목적 및 원칙

1. 입법 목적

「수출통제법」은 제1조에서 국가안보 및 이익을 보호하고, 비확산 등 국제의무를 이행하며, 수출통제를 규범하고 강화하기 위해 동 법을 제정한다는 입법 취지를 밝히고 있다. 즉, 중국은 국가안보와 이익을 보호하기 위해서라면 모든 대상과 분야에 대한 수출통제가 가능하다는 의미로 동 법의 적용 범위가 매우 확대될 수 있음을 시사한다.

한국의 「대외무역법」 제19조 제1항에서도 국제평화 및 안전유지와 국가안보를 위하여 전략물자를 지정하여 고시하도록 규정하고 있다. 따라서 우리나라도 국가안보를 위해서라면 전략물자를 추가로 지정하고 고시할 수 있다. 그러나 중국은 국가이익을 위해서도 수출통제를 할 수 있기 때문에 수출통제의 범위를 우리나라보다 더욱 확대했다고 할 수 있다.

흥미롭게도 「수출통제법」은 우리나라와 다른 어떤 나라에도 규정하지 않은 국가이익(national interest)을 「수출통제법」제정 목적에 포함시키고 있다. 국가이익은 국가안보보다 더 넓은 의미로 중국의 국가이익은 크게 핵심이익, 중요이익, 일반이익 세 단계로 구분된다.[1] 즉 국가안보가 정치, 경제, 문화, 사회, 과학기술, 정보, 생태, 자원, 핵 등을 아우르는 포괄적 개념이지만, 국가이익은 사실상 거의 모든 범주가 포함된다.[2] 따라서 중국은 국가이익을 보호하기 위해서도 「수출통제법」을 적용할 수 있음을 주의할 필요 있다.

2. 입법 원칙

「수출통제법」 제3조는 수출통제제도 운영원칙으로 총체적 국가안보관(总体国家安全观)을 규정하고 있다. 총체적 국가안보관은 2015년 「중화인민공화국 국가안보법(中华人民共和国 国家安全法)」의 제정과 함께 확립된 개념으로 안보를 단순히 국방이나 반테러 등 전통적 범위에서 확장하여 정치, 경제, 문화, 사회, 과학기술, 정보, 생태, 자원, 핵 등을 아우르는 포괄적 개념을 의미한다.[3] 이는 중국이 국가안보를 위해서라면 무역 전반에 걸쳐 수출을 통제할 수 있음을 「수

표 5-2 한·중 양국의 입법 목적

구분	한국 「대외무역법」	중국 「수출통제법」
입법 목적	• 국제평화 및 안전유지 • 국가안보	• 국제의무 이행 • 국가안보 • 국가이익

출처: 필자 정리

----

1) 태재미래전략연구원, "중국현대를 읽는 키워드 3 - 핵심이익", 2017.6.30. https://www.taejaefci.org/research/225(최종검색일: 2024.1.8.) 2011년 9월 6일 중국 국무원 신문판공실은 중국의 평화발전(中国的和平发展) 백서에서 중국의 핵심이익을 국가주권, 국가안보, 영토완정, 국가통일, 중국 헌법이 확립한 국가 정치제도와 사회의 전반적 안정 그리고 경제사회의 지속적 발전을 위한 기본보장 여섯 가지로 규정.
2) 김윤희, "중국 수출통제법을 통해 본 중국 통상환경 동향", Issue Brief, Vol.2, 광장국제통상연구원, 2021, 2면.
3) 김인식, "중국 수출통제제도의 변화에 관한 탐색적 연구 - 2019년 수출통제법(초안)을 중심으로", 한중관계연구, 제6권 3호, 2020, 30면.

출통제법」제1조와 제3조를 통해서 알 수 있다.

3. 입법 특징

중국의「수출통제법」및 관련 법령에서 자주 사용되는 국가안보와 국가이익은 법을 해석하고 적용하는데 있어서 중국 정부가 개입할 광범위한 재량을 부여한다. 이러한 중국법의 특징은 잠재적으로 영향을 받을 기업들에게 법률에 따른 권리·의무와 관련하여 상당한 불확실성을 남긴다. 기업이 중국의 미완성 법령을 완벽하게 준수하는 것은 사실상 불가능하며, 기업들에게는 다모클레스의 검과 같은 것이다. 또한 중국 입법의 전형적인 의도적 모호함은 앞으로도 다양한 임시 조치나 행정 규제가 채택될 수 있는 여지를 남긴다.5)

그림 5-1 다모클레스의 검4)

4) BC 4세기 고대 그리스 디오니시우스 왕은 신하 다모클레스가 왕의 권력과 부를 부러워하자 왕좌에 앉아볼 것을 제안한다. 다모클레스는 이 제안을 기꺼이 받아들이고 왕좌에 앉고, 디오니시우스 왕은 그에게 천장을 바라보도록 했다. 그리고 자신의 머리 위를 본 다모클레스는 한 올의 말총에 매달린 칼이 자신의 머리를 겨냥하고 있는 모습을 보게 된다. 이는 겉으로는 부족함 없이 호화롭게만 보이지만 언제 떨어질지 모르는 검 밑에서 늘 긴장하고 있는 것이 권력자임을 상징적으로 보여주는 이야기로 잘 인용된다.

5) Dominic Köstner·Marcus Nonn, The 2020 Chinese export control law: a new

III 수출통제의 적용 범위

1. 물적 적용 범위

「수출통제법」의 물적 적용 범위, 즉 적용의 객체는 무엇일까?「수출통제법」제2조는 수출통제와 통제품목의 개념 정의를 통해 동 법의 적용대상 및 적용 범위를 규정하고 있다. 즉 동 법은 이중용도 품목,[6) 군수품,[7) 핵[8)과 기타 국가 안전 및 이익 유지, 비확산 등 국제의무 이행 관련 상품, 기술, 서비스 등(이하 '통제품목')에 적용된다. 그리고 이 통제품목에는 통제품목 관련 기술자료 등 데이터[9)도 포함된다.

그리고 「수출통제법」제4조는 수출통제리스트와 수출허가방식을 통하여 통일된 수출통제제도를 실시한다고 규정하고 있다. 따라서 「수출통제법」은 어떤 품목이 수출통제 대상인지 대략적으로만 규정하고 있으므로 실제로는 수출통제리스트를 통해서 구체적인 통제품목의 범위를 알 수 있다.

우리나라는 「대외무역법」제19조 제1항과 제2항에서 수출허가 등 제한이 필요한 물품 등을 지정하여 고시하도록 하고 있으며, 이때 지정·고시된 물품 등을 전략물자라고 부른다.「전략물자수출입고시」제2조에 따르면, 전략물자라 함은 이중용도품목과 군용물자품목에 해당하는 물품등을 말하며, 이때 물품 등에는 물품(물질, 시설, 장비, 부품), 소프트웨어 등 전자적 형태의 무체물 및 기술을 말한다고 규정하고 있다.

한, 중 양국의 차이점은 중국의 경우 핵을 이중용도 품목, 군수품과 별도

---

compliance nightmare, China−EU Law Journal, 2023, p.86.

6)「수출통제법」제2조 이중용도품목은 민사용도이지만 군사용도 혹은 군사적 잠재력을 상승시키는데 도움을 주는 것을 뜻하며, 특히 대규모 살상 무기와 그 운반공구의 설계, 개발, 생산 혹은 사용과 관련된 물품, 기술, 서비스를 뜻함.

7)「수출통제법」제2조 군수 목적에 사용되는 장비, 전용생산설비 및 기타 재료, 기술, 서비스

8)「수출통제법」제2조 핵재료, 핵설비, 반응로용 비핵재료 및 관련 기술, 서비스

9) 데이터는 현실 세계에서 단순히 관찰하거나 측정하여 수집한 사실이나 값이다. https://ahnty0122.tistory.com/26(최종검색일 2023. 12. 26).

표 5-3 한·중 양국의 수출통제 대상

구분	한국		중국	
수출통제 대상	-전략물자	「대외무역법」	• 통제품목(① 이중용도 품목, ② 군수품, ③ 핵과 ④ 기타 국가안전 및 이익 유지, 비확산 등 국제의무 이행 관련 상품, 기술, 서비스 등) + ①~④ 관련 기술자료 등 데이터	「수출통제법」
세부내용	• 전략물자란 이중용도 품목과 군용물자품목에 해당하는 물품 등 • 물품 등에는 물품(물질, 시설, 장비, 부품), 소프트웨어 등 전자적 형태의 무체물 및 기술	「전략물자 수출입고시」		

출처: 필자 정리

로 핵이 수출통제 대상임을 명확히 강조하고 있다는 것이며, 상품과 기술 이외에 서비스까지도 수출통제 대상에 포함한다는 것이다. 중국은 전략기술을 보유한 과학기술자의 해외 파견이나 전문가의 교류 등 서비스를 통해서도 전략기술의 유출이 가능하기 때문에 서비스까지도 수출통제의 범위에 명시한 것으로 보인다. 따라서 우리나라도 전략물자에 서비스를 포함시켜 우리나라의 전략기술이 교육, 인적 교류와 같은 서비스의 형태로 유출되는 것을 수출통제 차원에서 방지해야 할 것이다.

한편 우리나라는 「전략물자수출입고시」 제4조에서 전자적 형태의 무체물이란 "부호·문자·음성·음향·이미지·영상 등을 디지털방식으로 제작하거나 처리한 자료 또는 정보10) 등으로서 산업통상자원부 장관이 정하여 고시하는 것"이라고 규정하면서 영상물(영화, 게임, 에니메이션, 만화, 캐릭터를 포함한다), 음향·음성물, 전자서적, 데이터베이스11)를 열거하고 있다.

주목할 것은 중국은 수출통제 물품 관련 데이터라고만 규정하고 있지 우리

---

10) 정보는 의사 결정에 유용하게 활용될 수 있도록 데이터를 처리한 결과물이다. http://ahnty0122.tistory.com/26(최종확인 2023. 12. 26).

11) 데이터베이스는 여러 사용자나 응용 프로그램이 공유하여 사용될 수 있도록 통합해서 저장한 운영데이터의 집합이다. http://ahnty0122.tistory.com/26(최종확인 2023. 12. 26).

그림 5-2 데이터, 데이터베이스 그리고 정보

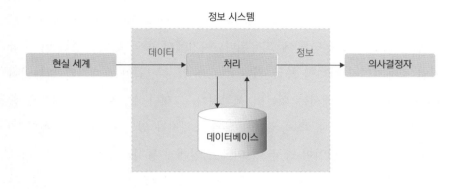

정보 시스템

현실 세계 — 데이터 → 처리 — 정보 → 의사결정자

데이터베이스

출처: https://ahnty0122.tistory.com/26

나라처럼 전자적 형태의 무체물이라는 용어를 사용하지 않고 있다. 〈그림 5－2〉
를 살펴보면, 중국은 정보로 처리되기 이전 현실 세계에서 단순히 관찰하거나 실
험, 수집한 사실이나 값을 수출통제한다면, 우리나라는 이러한 데이터를 처리한
결과물을 수출통제한다는 차이점이 있다. 오늘날 기술과 과학의 발달로 단순히
관찰하거나 실험, 수집한 사실 그 자체만으로도 중요한 경제적 가치가 있기 때문
에 우리나라의 수출통제 범위가 좁지 않은가 고민해볼 필요가 있다.

2. 인적 적용 범위

「수출통제법」의 인적 적용 범위는 동 법이 내국인과 외국인에게도 적용되
는지를 검토하는 것이다. 「수출통제법」 제2조 제2항은 동 법의 인적 적용 범위
를 알 수 있는 규정이다. 「수출통제법」 제2조 제2항에 따르면, 수출통제는 중국
국경 밖으로 통제품목의 이전과 중국의 공민, 법인 또는 비법인단체가 외국의
조직 및 개인에게 통제품목을 제공이라는 두 가지 조치에 대해 국가가 취하는
금지 및 제한조치로 정의된다.

동 규정에 따르면, 수출을 구성하는 두 가지 행위, 즉 통제품목의 이전
(transfer)과 제공(provision)이 있다. 동 법 제2조에 따르면, 외국 조직 또는 개인

에게 통제품목을 제공하는 것은 해당 품목이 중국 국경 밖을 벗어나는지 상관없이 수출로 간주된다. 따라서 첫째, 이 법은 '통제품목의 이전'에 영향을 미치는 모든 사람에게 적용된다. 둘째, 이 법은 '통제품목을 제공'하는 '중국의 모든 공민, 법인 또는 비법인단체'에 적용된다. 여기에서 중국 법인의 기준이 중국 내 기업 소재지인지 아니면 중국 최대 주주가 있는 기업이 소재지와 관계없이 포함되는지 여부에 대해서는 의문이 제기된다. 그러나 설득력 있는 해석은 중국법의 적용을 받는 단체, 즉 중국에 등록된 소재지가 있는 단체를 의미한다.[12]

이는 다시 중국 법인이 중국 내 외국 법인에게 통제품목을 제공하는 경우와 중국 법인이 중국 외부에 있는 외국 법인에 통제품목을 제공하는 경우로 구분된다. 이는 다국적 기업의 직원들 사이에 민감한 기술이 공개될 수 있어 동법의 적용 범위가 대폭 확장될 수 있다.

3. 지리적 적용 범위

주권국가의 원칙상 「수출통제법」은 중국의 주권(sovereignty)이 미치는 지리적 범위, 즉 중국의 영토 내에서만 적용된다. 그러나 동 법이 중국의 주권이 미치는 범위를 넘어 적용될 수 있는지, 즉 역외적용(extraterritorial application)이 가능한지의 문제가 쟁점이다.

1) 간주수출

「수출통제법」 제2조에 따르면, 수출통제란 국가가 중국 영토 내에서 외국으로 통제품목을 이전하는 것과 중국 국민, 법인과 비법인 조직이 외국 조직과 개인에게 통제품목을 제공하는 것에 대하여 금지 또는 제한조치를 채택하는 것을 말한다.[13] 여기에서 중국 영토 내에서 외국으로 통제품목을 이전하는 것은 수출(export)이며, 중국 국민과 비법인 조직이 외국 조직과 개인에게 통제품목을

---

12) Dominic Köstner·Marcus Nonn, supura note 00, p.88.
13) 김인식, 앞의 논문, 31면.

제공하는 것은 간주수출(deemed export)14)이다. 쉽게 말하면, 간주수출은 국경을 통과하지 않지만, 수출로 본다는 뜻이다. 따라서 중국도 수출과 간주수출 형태 모두를 수출통제 범위에 포함시키고 있다.

이때 중국 영토 내에서 외국으로 이전되는 행위에는 모든 유·무형의 이전뿐만 아니라 수출대리, 화물 운송, 택배, 세관 신고, 제3자에 대한 전자거래 플랫폼 제공 및 금융 서비스 제공 행위까지도 적용될 수 있다.15) 군수품의 경우 국제전시회 출품도 광의의 이전행위 해당하여 군수품 수출통제관리부서의 심사와 허가를 거쳐야 한다.16)

한편 우리나라 「대외무역법」 제19조 제2항에서도 국내에서 국외로의 이전, 국내 또는 국외에서 대한민국 국민(법인 포함)으로부터 외국인(법인 포함)에게로의 이전을 규정하여 우리나라도 중국처럼 수출 및 간주수출을 모두 수출통제 범위에 포함하고 있다.

수출통제의 목적상 중국 영토 내에서 외국으로 이전하는 물품을 통제하는 것은 당연하다. 그러나 문제는 중국 국민, 법인과 기타 비법인 조직이 외국 조직과 개인에게 제공하는 물품에 대해서까지 동 법을 적용하는 것은 수출통제의 범위를 확대하는 것이다. 이는 동 법의 적용 범위를 역외까지 확장한 것이며, 동 법을 근거로 외국 조직과 개인에게도 동 법상의 의무 위반 시 제재를 부과할 수 있다는 점에서 우려가 제기된다.

2) 재수출

중국 「수출통제법」은 재수출에 대한 정의를 규정하고 있지는 않지만, 동 법 제45조에서 통제품목의 경유(过境), 환적(转运),17) 중개(通运)18) 및 재수출 또

---

14) 미국의 수출통제개혁법(ECRA)는 간주수출을 해당 품목과 관련된 기술이나 소스 코드를 미국에 있는 외국인에게 유출하거나 이전하는 행위(the release or transfer of technology or source code relating to the item to a foreign person in the United States.)라고 정의함.
15) 중국의 「수출통제법」 제36조.
16) 중국의 「수출통제법」 제27조.

는 보세구역, 수출가공구역 등 특별세관감독구역과 수출감독관리창고, 보세물류센터 등 보세감독관리장소에서 해외로의 수출 역시 「수출통제법」이 적용된다고 규정하고 있다.[19]

「수출통제법」 제44조는 중국 영토 밖의 조직과 개인이 동 법 관련 수출통제 관리규정을 위반, 중국 국가안보와 이익을 위협주거나, 확산방지 등 국제의무 수행을 방해할 경우 법에 따라 처리하고 법률책임을 추궁한다고 규정하고 있다. 이는 외국 조직과 개인에게도 형사책임을 물을 수 있는 역외적용 조항이다.

2017년 「수출통제법」 초안 제67조에는 중국에서 대만, 홍콩 및 마카오로 수출하기 위해서는 수출허가가 요구된다는 내용이 포함되어 있었다. 그러나 이후 「수출통제법」 최종안에는 동 규정이 삭제되어 있어 다양한 해석이 시도되고 있지만, 현재 행정실무에 따르면, 「수출통제법」은 대만, 홍콩 및 마카오로의 수출에도 적용되고 있다.[20]

한편 우리의 「전략물자수출입고시」 제2조 제12항에 따르면, 재수출은 "국내에서 수출한 물품등을 수입국에서 다른 제3국으로 원형대로 수출하는 것과 부품 또는 부분으로 사용하여 제조가공한 물품등을 수출하는 것을 말한다"고 규정하고 있다. 우리나라는 「전략물자수출입고시」 제2조 제5항과 제6항에서 중개, 경유/환적에 대한 정의를 내리고 있고, 「대외무역법 시행령」 제40조의2, 제40조의3, 제41조, 제42조에서 환적과 중개에 대해서 별도로 규정하고 있다.

---

17) 「전략물자수출입고시」 제2조 경유/환적이라 함은 목적지가 외국인 물품등을 국내의 항만 또는 공항을 거치거나 국내의 항만 또는 공항에서 다른 선박이나 항공기로 옮기는 것을 말한다.
18) 「전략물자 수출입고시」 제2조 중개라 함은 수수료 기타 대가를 받고 외국에서 다른 외국으로 물품등을 이전하는 거래(유/무상을 불문한다)를 주선하는 행위를 말한다.
19) 중국의 「수출통제법」 제45조.
20) Dominic Köstner·Marcus Nonn, supura note 00, p. 89.

Ⅳ 수출통제의 유형

1. 한국

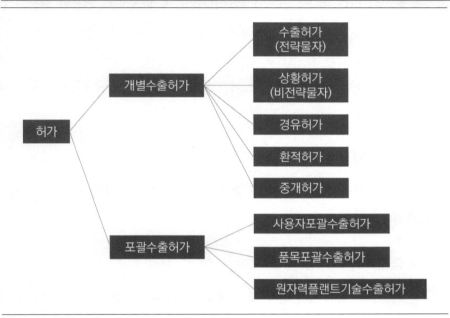

출처: 최서지의 그림 수정·보완

1) 개별수출허가

개별수출허가는 전략물자 수풀허가기관의 장이 전략물자의 수출신청에 대해 개별적으로 허가하는 것으로서 확인된 수량의 품목들에 대하여 수출허가하는 것을 말한다.

(1) 전략물자의 수출허가

① 수출허가

전략물자를 수출하는 수출자는 수출 이전에 관련 허가기관으로부터 수출허가를 받아야 한다. 비록 전략물자가 아니라도 우려 용도로 전용될 위험이 존재할 경우 관련 기관으로부터 상황허가를 받아야 한다. 이들 전략물자는 「전략물자수출입고시」 별표 1: 전략물자·기술, 별표 2: 이중용도품목,21) 별표 2-2: 상황허가 대상품목, 별표 2-3: 상황허가 면제대상, 별표 3: 군용물자품목, 별표 8: 사용자 및 품목포괄수출허가대상품목에 기재되어 있다.

② 경유·환적허가

전략물자 등을 국내 항만이나 공항을 경유하거나 국내에서 환적 시 필요한 허가이다.22)

③ 중개허가

전략물자를 제3국에서 다른 제3국으로 중개수출할 때마다 중개 시마다 허가하는 것을 말한다.23)

(2) 非전략물자의 상황허가

우리나라에서 상황허가란 국제수출통제체제에서 지정한 전략물자는 아니지만, 수출 시 무기로 쓰일 가능성이 높은 경우, 그 물품등의 수입자나 최종 사

---

21) 별표 2 이중용도 품목은 품목의 특성에 따라 1부: 특별소재 및 관련 장비, 2부: 소재가공, 3부: 전자, 4부: 컴퓨터, 5부: 정보통신 및 정보보안, 6부: 센서 및 레이저, 7부: 항법 및 항공전자, 8부: 해양, 9부: 항공우주 및 추진, 10부 원자력 전용품목(핵물질, 관련 설비 및 장비)으로 구분되어 있다.
22) 「전략물자수출입고시」 제4장 제3절.
23) 「전략물자수출입고시」 제4장 제2절.

용자[24]가 그 물품등을 무기로 전용할 의도가 있음을 알았거나 그 의도가 있다고 의심되면 「대외무역법」 제19조 제3항에 따라 수출하려는 자가 정부의 허가를 받도록 하는 제도이다.

「대외무역법」 제19조 제3항과 「전략물자수출입고시」 제50조 제3항에 의하면 상황허가요건은 다음과 같다.[25] ① 전략물자에 해당하지 않으나 대규모 살상무기 등의 제조, 개발, 사용 또는 보관 등의 용도로 전용될 가능성이 높은 물품 등을 '가의 2 지역' 또는 '나 지역'으로 수출하고자 하는 자는 해당품품등의 구매자, 최종수하인 또는 최종사용자가 그 물품 등을 대규모 살상무기 등의 제조, 개발, 사용 또는 보관 등의 용도로 전용할 의도가 있음을 알았거나 그러한 의도가 의심되는 경우, ② 대규모 살상무기 관련 물품을 '가의 1 지역'으로 수출하고자 하는 자는 해당물품 등의 구매자, 최종하수인 또는 최종사용자가 그 물품 등을 대규모 살상무기 등의 제조, 개발, 사용 또는 보관 등의 용도로 전용할 의도가 있음을 사전에 인지한 경우, ③ UN에서 지정되어 전략물자수출입관리정보시스템에 게세된 우려거래자(구매자, 최종수하인 또는 최종사용자 포함)에게 대규모 살상무기 관련 물품을 수출하려는 경우, ④ 「전략물자수출입고시」 별표 2의2에 해당되는 품목을 수출하는 경우 등이다.

우리나라는 미국과 중국의 know 통제, inform 통제에 더하여 수출자가 수입자 또는 최종사용자가 대규모 살상무기 개발과 관련이 있다고 의심할 만한 근거가 있는 경우 수출허가당국에 허가신청을 하는 suspect 통제도 상황허가요건으로 하고 있다.[26]

현재 우리나라 전략물자관리원이 발표한 「전략물자수출입고시」에는 이란, 시리아, 파키스탄, 러시아, 벨라루스 5개 국가를 대상으로 상황허가 품목을 명

---

24) 「전략물자수출입고시」 제2조 최종사용자라 함은 해당 물품등을 제3자에게 이전하지 아니하고 직접 사용하는 자를 말한다.

25) 「전략물자수출입고시」 제4장 제1절.

26) 최서지, "중국의 국제수출통제제도의 이행과 시사점−중국수출통제법(초안)을 중심으로", 중국법연구, 제43집, 한중법학회, 2020, pp.128−129.

시하고 있다.27) 이처럼 우리나라는 특정 국가에 대해서만 상황허가 품목을 공시하고 있으며, 우리나라가 독자적으로 품목을 설정하기보다는 국제수출통제체제 및 미국과 동조한다. 2023년 러ー우 사태 이후 러시아, 벨라루스 2개국에 대해 57개 상황허가 품목이 지정되었고, 제31차 고시 개정 확정 시 상황허가 품목이 741개가 추가돼 총 798개가 될 예정이다. 추가되는 741개 품목에 대한 상황허가 심사는 동 고시의 시행일부터 적용될 예정이다. 고시 시행일은 2023년 4월 중으로 예상된다. 시행일 전날까지 수출신고를 하였거나 선적을 한 경우에는 상황허가 통제가 적용되지 않는다. 시행일 전에 계약을 체결한 건이라면 상황허가 통제에 적용된다.

2) 포괄수출허가

포괄수출허가는 수출허가자에게 수출허가를 포괄적으로 위임하는 것이다. 포괄수출허가는 최종사용자와 품목 중 어디에다가 자율성을 부여하는가에 따라 사용자포괄수출허가와 품목포괄수출허가가 결정된다.

(1) 사용자포괄수출허가

사용자포괄수출허가는 자율준수무역거래자로 지정된 수출자에게 기술을 제외한 '별표 8'에 속하는 품목을 구매자, 목적지국가, 최종수하인을 지정하여 일정기간 동안 수출하도록 허가하는 것이다. 허가기간 동안 해당 품목의 수출 여부 및 수출수량은 수출자가 최종사용자의 사용 용도를 고려하여 자율적으로 결정할 수 있다.

우리나라 내부자율준수제도는 수출통제 역량이 우수한 기업에게 제공되는 특혜제도이다. 즉 내부자율준수제도란 무역거래자가 자체적으로 영업부와 독립

---

27) http://dream.kotra.or.kr/kotranews/cms/news/actionKotraBoardDetail.do?SITE_NO=3&MENU_ID=70&CONTENTS_NO=1&bbsGbn=00&bbsSn=244&pNttSn=201080(최종확인 2023. 12. 15).

적인 위치에 있는 수출관리조직을 통해 자사의 수출거래 심사와 수출통제제도를 운영하는 것을 말한다. 이 조직은 우려되는 수출거래를 검토하여 거부하거나 정부 허가기관과 긴밀하게 협력하여 수출허가절차를 적법하게 이행하는 제도이다.

자율준수무역거래자는 독립적인 수출거래심사기구를 갖추고, 수출거래를 심사할 수 있는 자율준수체제를 구축·운영한다고 산업부 장관에 인정받아 혜택을 받는 수출 업체다. 기업 입장에서 보면, 준수 비용은 들지만 기업 내부의 기밀을 외부인에게 접근하지 못하도록 하면서 업무를 원활하게 하는 혜택을 기대할 수 있어서 기업 입장에서는 유용한 제도일 수 있다.[28]

(2) 품목포괄수출허가

사용자포괄수출허가와 유사하나 허가기간 동안 수출자가 대상 품목 및 그 수출 여부와 수출량을 자율적으로 결정할 수 있는 것을 말한다.

표 5-4 한, 중 양국의 수출통제 유형

한국	중국
전략물자 허가	수출통제리스트 허가
	임시수출통제품목 허가
상황허가(非전략물자)	상황허가(非통제품목, 非임시수출통제품목)
포괄수출허가	통용허가

출처: 필자 정리

(3) 원자력플랜트기술수출허가

「전략물자 수출입고시」 제 41조에 따르면, 원자력플랜트기술수출허가라 함은 제2항의 원자력플랜트 수출사업에 대하여 원자력안전위원회 위원장이 제

---

28) 정인교, 위의 책, p.110.

5조 제1항 제2호에 해당하는 기술의 수출을 사업 기간 동안 일괄하여 허가하는 것을 말한다.

2. 중국

그림 5-4 중국의 수출통제 허가 유형

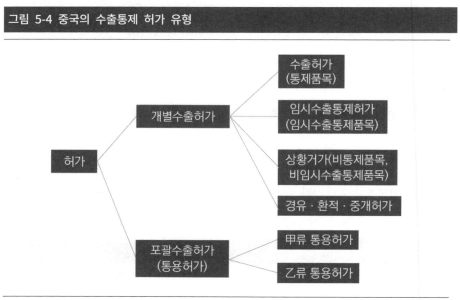

출처: 필자 정리

1) 개별수출허가

「수출통제법」제12조에 따르면, 수출경영자는 세 가지 유형의 품목, 수출통제리스트 상의 통제품목, 임시수출통제 품목 그리고 세 가지 위험 중에 하나의 위험을 내포하고 있는 품목에 대하여 수출허가증을 신청해야 한다.

(1) 수출통제리스트 허가

「수출통제법」제4조에 따르면, 중국은 통일된 수출통제제도를 시행하고, 수출통제리스트(清单, 名录或者目录)를 작성하여 수출허가 등 방식으로 관리한다. 동 법 제9조 제1항은 "국가수출통제관리부서는 이 법 및 관련 법률, 행정법규의 규정에 의거, 수출통제정책에 근거하여 규정된 절차에 따라 관련 부처와 함께 수출통제리스트를 제정·조정하여 적시에 공포한다"라고 규정하고 있다.

(2) 임시수출통제품목 허가

「수출통제법」 제9조 제2항에서는 임시수출통제의 목적 및 대상, 방법, 기간 등에 대해서 규정하고 있다. 먼저 임시수출통제는 국가안보와 이익 보호 및 비확산 등 국제의무 이행을 위하여 필요한 경우에 실시한다. 이때 임시수출통제의 대상은 수출통제리스트 이외의 상품, 기술과 서비스에 대하여 실시할 수 있다. 그러나 이때에는 국무원의 허가를 취득하거나 국무원과 중앙군사위원회의 허가를 받아야 하며, 국가수출통제관리부서는 이를 공고하여 대내외적으로 알려야 한다. 임시수출통제기한은 2년을 넘지 않도록 규정하고 있지만, 반드시 그렇지만은 않다. 임시수출통제 시행기한 만료 전 적시에 평가하여 평가결과에 따라 임시수출통제 취소, 연장, 수출통제리스트에 추가 여부를 결정해야 한다(〈그림 5-5〉).

그림 5-5 중국의 개별허가 유형

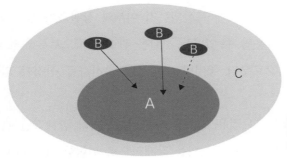

A: 수출통제리스트
B: 임시수출통제리스트
C: 상황허가 대상품목

출처: 필자 정리

(3) 상황허가

「수출통제법」 제12조 제3항은 수출통제리스트에 등록된 통제품목 및 임시수출통제품목을 제외한 상품, 기술 및 서비스에 대하여, 관련 상품, 기술 및 서비스가 ① 국가안보와 이익에 위협이 될 경우, ② 대규모 살상무기 및 운반시설 설계, 개발, 생산에 사용될 경우, ③ 테러 용도의 리스크가 존재할 경우, 수출경영자(수출자)가 알고 있거나(객관적 know 통제) 알아야 하거나(주관적 know 통제), 혹은 국가수출통제부서로부터 통지를 받는 경우(inform 통제), 국가수출통제부서에 허가를 신청해야 한다고 규정하고 있다.29)

국가안보 또는 이익을 위협하는 품목에 대한 수출허가 의무를 규정한 제12조는 수출통제리스트에 등록된 통제품목 및 임시수출통제품목이 아님에도 불구하고 「수출통제법」상 가장 폭발적인 조항 중 하나로 보인다. 동 조항은 수출경영자가 수출의 잠재적 위험을 평가할 책임이 있도록 한다. 이러한 포괄조항(catch-all clause)이 중국 입법에 아주 새로운 것은 아니지만, 이런 광범위한 규정은 상당한 법적 불확실성을 야기한다.

이 포괄조항은 2005년에 제정된 「이중용도 품목 및 기술 수출허가증 관리방법(兩用物项和技术进出口许可证管理办法)」 제8조에도 이미 포함되어 있다. 수출경영자는 수출품목이 수출통제리스에 포함되는지 여부와 상관없이 잠내적으로 대량살상무기와 관련하여 사용될 수 있다는 사살을 관련 당국으로으로부터 알고 있거나, 알아야 하거나 당국으로부터 통지받은 경우 수출허가를 신청할 의무가 있다.

「수출통제법」 제12조는 그 적용 범위를 대량살상무기와 잠재적인 관련성으로 제한하는 대신에 국가안보 또는 이익을 잠재적으로 위협할 가능성이 있는

---

29) 그러나 중국의 「수출통제법」 제12조 제4항은 또한 수출경영자가 수출할 상품, 기술, 서비스가 동법에서 규정한 통제품목에 속하는지 여부를 판단할 수 없을 경우 국가수출통제관리부서에 질의하면 국가수출통제부서는 즉시 응답해야 한다고 하여 국가수출통제부서의 의무도 규정하고 있다.

모든 품목으로 확대하고 있다.

2) 포괄수출허가(통용허가)

「수출통제법」제14조에 따르면, 수출업자가 수출통제를 위한 내부규정준수체계를 구축하고, 이를 양호한 상태로 운영하는 경우, 국가수출통제관리부서는 관련 통제품목을 수출하기 위한 일반 허가 및 기타 편리한 조치를 부여할 수 있다. 중국의 내부규정주수체계는 이중용도 품목 수출 사업자의 수출통제 내부규정준수체계 구축에 관한 상무부 지도의견(商务部关于两用物项出口经营者建立出口管制内部合规机制的指导意见)30)과 이중용도 품목 수출통제 내부규정준수 가이드라인(两用物项出口管制内部合规指南)31)을 살펴보아야 한다.

중국의 통용허가제도는 우리나라의 자율준수제도와 유사하며, 구체적인 방법은 국가수출통제관리부서가 규정한 「이중용도 품목과 기술수출 통용허가 관리방법(两用物项和技术出口通用许可管理办法)」32)에 따른다. 따라서 신뢰할 수 있는 기업에 대한 통용허가는 상무부가 비준한 유효기간과 범위 내에서 여러 차례 신청 수령 가능한 수출허가를 의미한다. 중국 정부는 신뢰할 수 있는 기업이 규정에 맞춰 최종용도와 최종 사용자 등 정보를 정확하게 기입하여 신청할 경우, 통용허가 방식을 적용해 수출 승인 절차를 간소화할 방침이라고 밝혔다.33)

(1) 통용허가의 정의

2009년 「이중용도 품목 및 기술수출 통용허가 관리 방법(两用物项和技术出

---

30) 이 지도의견의 원문은 http://www.mofcom.gov.cn/article/zwgk/zcfb/202104/2021040305 6267.shtml에서 확인.

31) 이 가이드라인 원문은 http://images.mofcom.gov.cn/aqygzj/202104/20210428182950304.p df에서 확인.

32) 이 법의 원문은 http://exportcontrol.mofcom.gov.cn/article/zcfg/gnzcfg/zcfggzqd/202111 /505.html에서 확인.

33) KOTRA, "中 정부 관계자에게 듣는 외자유치·이중용도품목 수출통제 정책", 2023.11.27., https://dream.kotra.or.kr/kotranews/cms/news/actionKotraBoardDetail.do?SITE_NO＝3& MENU_ID＝110&CONTENTS_NO＝1&pNttSn＝209037

口通用许可管理办法)」[34)]에서 말하는 '이중용도 품목 및 기술수출 통용허가'라 함은 상무부가 이중용도 품목 및 기술수출업자의 신청에 따라 관련 행정법규, 규칙 및 이 방법의 규정에 따라 심사하고 상무부가 발급한 이중용도 품목 및 기술수출 통용허가 승인을 허가하는 것을 의미하며, 허가 유효기간과 범위에 따라 「이중용도 품목 및 기술수출허가 관리방법」[35)]에 규정된 발급기관이 이중용도 품목 및 기술수출허가증을 여러 번 신청하는 행위를 말한다.(제3조 제1항) 이중용도 품목 및 기술수출에 대한 통용허가를 받지 못한 경우, 수출경영자는 관련 행정 규정 및 규정에 따라 개별 수출허가를 신청한다(제3조 제2항).

(2) 주관기관

상무부는 전국의 이중용도 품목 및 기술수출에 대한 통용허가를 담당하는 부서이다(제4조 제1항). 상무부가 위탁한 성급상무주관부서는 이 법의 규정에 따라 해당 지역의 이중용도 품목 및 기술수출에 대한 통용허가의 일상적인 감독관리를 담당한다(제4조 제2항).

(3) 통용허가의 유형

이중용도 품목 및 기술수출 통용허가는 甲류 통용허가와 乙류 통용허가로 구분한다(제5조 제1항).

甲류 통용허가는 수출경영자가 허가 유효기간 내에 하나 이상의 특정 국가(또는 지역)의 하나 이상의 최종 사용자에게 하나 이상의 특정 이중용도 품목 및 기술을 수출할 수 있도록 한다.

乙류 통용허가는 수출경영자가 허가 유효기간 내에 동일한 특정 국가(또는 지역)의 고정된 최종 사용자에게 동일한 유형의 특정 이중용도 품목 및 기술을

---

34)《两用物项和技术出口通用许可管理办法》已经中华人民共和国商务部2009年第22次部务会议审议通过，现予以公布，自2009年7月1日起施行。http://exportcontrol.mofcom.gov.cn/article/zcfg/gnzcfg/zcfggzqd/202111/505.html
35) 상무부, 세관총서 2005년 제29호령.

여러 번 수출할 수 있도록 한다.

(4) 통용허가의 기한

이중용도 품목 및 기술수출에 대한 통용허가의 유효기간은 3년을 초과할 수 없다(제6조).

(5) 통용허가의 신청 조건 및 신청자료

① 통용허가 신청 조건

국가는 이중용도 품목 및 기술수출에 대한 통용허가 시행을 엄격하게 검토한다. 이중용도 품목 및 기술수출 통용허가사업자(이하 '통용허가사업자'라 함)는 다음 6개 조건을 갖추어야 한다(제7조).

---

① 합법적인 대외무역경영자
② 기업의 이중용도 품목 및 기술에 대한 내부통제 메커니즘 구축
③ 이중용도 품목 및 기술수출 업무에 2년 이상 종사(2년 포함)
④ 甲류 통용허가 신청자는 연속 2년 이상(2년 포함) 연간 40건(40건 포함) 이상의 이중용도 품목 및 기술 수출허가를 신청해야 하며, 乙류 통용허가 신청자는 연속 2년 이상(2년 포함) 같은 종류의 이중용도 품목 및 기술 수출허가를 30건(30건 포함) 이상 신청해야 한다.
⑤ 최근 3년간 형사처벌이나 관련 부처 행정처벌을 받은 적 없어야 한다.
⑥ 이중용도 품목 및 기술 판매경로와 최종 사용자가 비교적 고정되어 있다.

---

② 통용허가 신청자료

통용허가사업자는 상무부에 통용허가 신청서를 제출하고, 다음 신청자료를 상무부가 위임한 성급 상무주관부서에 제출해야 한다(제8조).

① 이중용도 품목 및 기술수출 통용허가신청서

② 기업 이중 용도품목 및 기술 내부통제 메커니즘의 구축 및 운영 상황 설명 및 관련 증명 문서

③ 최근 3년간 형사처벌을 받거나 관련 부서의 행정처벌을 받은 적이 없다는 보증문서

④ 합법적인 대외무역경영자의 증명서류

⑤ 이중용도 품목 및 기술수출 사업에 대한 설명에는 최근 2년 동안 이중용도 품목 및 기술 수출허가증 신청 및 사용상황 설명, 이중용도 품목 및 기술 판매경로 및 사용자 상황 설명, 거래 당사자 관계, 거래 상황 및 수입업자 및 최종 사용자 설명이 포함된다.

⑥ 수출통용허가를 신청할 물품과 기술의 종류 및 관련 기술설명문서

⑦ 관련 행정법규 및 규정에 따라 각 계약 시행 전에 최종 사용자에게 관련 보증 문서 또는 최종 사용자 및 최종용도 설명 문서의 보증문서

⑧ 주관부서에서 제출을 요구하는 기타 문건

(6) 통용허가의 심사 절차

상무부가 위탁한 성급 상무주관부서는 이 법 제8조에 규정된 서류를 받은 날로부터 10영업일 이내에 신청자료를 상무부에 제출해야 한다. 상무부는 신청자료를 접수한 날부터 관련 행정법규의 규정에 따라 검토하거나 관련 부서와 함께 검토하여 허가 또는 비허가 결정을 내린다. 허가하는 경우 상무부는 이중용도 품목 및 기술수출에 대한 통용허가증을 발급하고 허가하지 않는 경우 이유를 설명해야 한다(제9조 제1항).

검토 과정에서 상무부 또는 위임받은 성급 상무주관부서는 필요에 따라 기업의 주요 관리 직원을 인터뷰하여 기업의 내부수출통제 메커니즘의 구축 및 구현을 이해할 수 있다. 필요한 경우 기업에 대한 현장 검사 및 검증을 수행할 수 있다(제9조 제2항).

검토 과정에서 상무부는 전문 컨설팅 기관에 위탁하여 기업의 내부수출통제 메커니즘의 구축 및 운영을 평가할 수 있다. 전문가 자문기관은 상무부가 결정하여 공고(고시) 형태로 대외에 공개한다(제9조 제3항).

(7) 통용허가를 적용할 수 없는 경우

제10조 아래의 상황에는 통용허가를 적용할 수 없다. (1) 기업은 이미 내부 수출통제 체제를 구축하였지만, 효과적인 집행이 확인되지 않는 경우 (2) 관련 행정 부서가 수출 확산 위험 및 기타 통용허가에 적합하지 않다고 여길 경우

통용허가경영자는 수출할 품목 및 기술이 관련 행정법규의 규정에 부합하는지 또는 수출할 품목 및 기술이 통용허가 범위에 속하는지 여부를 판단할 수 없을 경우, 관련 행정법규의 규정에 따라 개별 수출허가를 신청해야 한다(제11조).

(8) 이중용도 품목 및 기술 수출허가증 수령

통용허가사업자는 상무부에서 발급한 이중용도 품목 및 기술 수출 통용허가 승인을 받은 후 기업의 직인이 찍힌 승인서류를 가지고 「이중용도 품목 및 기술에 대한 수출입 허가증 관리방법(两用物项和技术出口许可证申领的其他程序依照《两用物项和技术进出口许可证管理办法》)」에 규정된 이중용도 품목 및 기술수출허가증 발급기관에 이중용도 품목 및 기술수출허가증을 신청한다(제13조 제1항).

이중 용도품목 및 기술에 대한 수출허가증 신청에 대한 기타 절차는 「이중용도 품목 및 기술에 대한 수출입 허가증 관리방법(两用物项和技术出口许可证申领的其他程序依照《两用物项和技术进出口许可证管理办法》)」에 따라 집행된다(제13조 제2항).

(9) 통용허가 경영자의 의무

제14조 통용허가사업자는 관련 국가 수출통제 정책 및 규정의 요구 사항에 따라 기업 내부통제 메커니즘을 효과적으로 시행해야 한다.

제15조 통용허가사업자는 신청자료를 성실하게 제공하고, 관련 행정 규정 및 규칙에 따라 보증문서 또는 최종 사용자 및 최종 용도 설명 및 계약, 송장, 장부, 영수증, 기록, 문건, 업무 서신, 녹음 및 녹화 제품 및 기타 자료를 5년 동

안 적절하게 보관해야 한다.

　　제16조 통용허가사업자는 알고 있거나 알아야 하거나 또는 상무부 또는 그 위탁을 받은 성급 상무주관부서로부터 통지하거나 관련 이중용도 품목 및 기술수출 과정에서 수출할 품목 및 기술이 국가안보와 사회 공공이익을 해칠 위험이 있음을 발견한 경우 즉시 관련 수출 활동을 중단하거나 중지하고, 필요한 시정 조치를 취하고, 적시에 상무부와 위탁한 성급 상무주관부서에 보고해야 한다.

　　제17조 통용허가사업자는 통용허가 유효기간 내에 이중용도 품목 및 기술의 수출통제 정책 및 규정을 적극적으로 이해하고, 상무주관부서에서 실시하는 관련 교육에 참여해야 한다.

　　제18조 통용허가사업자는 기업의 내부통제 메커니즘의 요구 사항에 따라 메커니즘의 집행 상황을 검사하고, 기업의 법률 및 규정 위반 사항을 상무부와 위임된 성급 상무주관부서에 사실대로 보고하며, 그리고 관련 업무를 잘 수행하기 위해 상무부 및 위임된 성급 상무주관부서와 적극적으로 협력한다.

　　제19조 통용허가사업자는 통용허가 유효기간 내 6개월마다, 통용허가 유효기간 만료일로부터 30일 이내에 상무부와 그 위탁받은 성급 상무주관부서에 이중용도 품목 및 기술의 수출시간, 품목 종류, 규격모델, 수량, 무역방식, 수출국(지역), 수입업자, 최종사용자, 최종용도 및 운송경로 및 통관항 등 통용허가 사용상황을 보고하여야 한다.

(10) 감독관리

　　제20조 상무부는 '수출통제 정책업무 플랫폼' 또는 기타 매체를 통해 관련 수출통제 정책 및 법규를 적시에 발표하고, 통용허가 경영자에 대한 정책 및 법규 교육을 실시해야 한다.

　　제21조 상무부와 상무부가 위탁한 성급 상무주관부서와 상무부가 위탁한 전문가 자문기관은 통용허가사업자의 요구 사항에 따라 관련 교육 및 기술 지

도를 제공할 수 있다.

제22조 상무부 또는 그 위탁을 받은 성급 상무주관부서는 통용허가사업자를 감독하고 검사할 수 있다. 필요한 경우 현장 검사를 실시할 수 있다. 통용허가사업자는 관련 상황, 자료 및 물품을 진실하게 제공하기 위해 협력하고 지원해야 한다.

제23조 현장 실사 시, 상무부 또는 그 위탁을 받은 성급 상무주관부서는 관계 직원에게 문의하거나, 본 방법 제14조에 따라 보존된 자료를 조회 및 복사하는 등의 방식을 통해 내부통제 메커니즘의 이행을 확인하고 시정 의견을 제시할 수 있다.

제24조 현장 실사 시, 2명 이상의 검사관이 있어야 하며, 법적 증명서를 제시해야 한다. 검사관이 2명 미만이거나 법적 증명서를 제시하지 않은 경우, 통용허가사업자는 검사를 거부할 권리가 있다.

제25조 국가안보와 사회공공이익을 위협할 위험이 있는 수출 행위에 대해 상무부 또는 위탁을 받은 성급 상무주관부서는 관련 행정법규, 규장 및 이 조치의 규정에 따라 이중용도 품목 및 기술수출에 대한 통용허가사업자에게 관련 품목 및 기술의 수출을 중단하거나 중단하도록 요구할 수 있으며, 필요한 경우 통용허가를 취소하거나 필요한 조치를 취하여 국가안보 및 사회공공이익을 보호할 수 있다.

(11) 법률책임

제12조 이중용도 품목 및 기술수출에 대한 통용허가 승인을 위조, 변경, 매매 또는 양도하는 것은 엄격히 금지되어 있으며, 이중용도 품목 및 기술수출에 대한 통용허가 승인 또는 이중 용도 품목 및 기술 통용허가 승인을 사용하여 시장 경쟁 질서를 교란하는 불법 행위를 하는 것은 엄격히 금지된다.

제26조 이중용도 품목 및 기술을 수출하기 위한 통용허가를 받지 않거나 이중용도 품목 및 기술수출에 대한 통용허가 승인을 위조, 변경, 매매 또는 양

도하거나 사기 및 기타 부정한 방법으로 이중용도 품목 및 기술수출에 대한 통용허가를 취득하거나 이중용도 품목 및 기술을 수출하는 경우 관련 행정법규에 따라 처벌하며 범죄를 구성하는 경우 법에 따라 형사책임을 추궁한다.

　　제27조 통용허가사업자가 이 방법 제4장의 규정을 위반한 경우 상무부는 기한 내에 시정을 요구할 수 있으며 상황이 엄중한 경우 수출 통용허가를 취소하고 관련 행정법규 및 규정에 따라 처벌할 수 있다.

Ⅴ　수출통제 담당기관

1. 한국

　　우리나라는 여러 부처가 전략물자의 수출통제 업무를 담당하고 있다. 우리나라는 산업통상자원부, 원자력안전위원회 및 방위사업청이 수출통제 정책을 담당하고 있고, 전략물자관리원과 한국원자력통제기술원이 수출통제 업무를 지원하고 있다. 산업용 전략물자는 산업자원부가, 원자력 전용품목은 원자력안전위원회가, 군용전략물자는 방위사업청에서 수출허가를 각각 담당하고 있다. 이때 전략물자관리원과 한국원자력통제기술원은 산업통상자원부와 원자력안전위원회의 수출통제 업무를 지원하고 있다. 방위사업청은 별도의 지원기관은 없지만, 전략물자관리원의 전략물자 판정 등의 서비스를 지원하고 있다. 그러나 우리나라도 중국처럼 관련 분야 전문가들이 수시로 자문할 수 있는 제도적 장치가 필요하다. 수출통제라는 민감한 주제에 대한 정책 판단에 있어서 전문가 의견과 자문이 반영된다면 정치·외교적 마찰을 완화하는 데 역할을 할 수 있을 것으로 보인다.

구분	한국		중국		
수출통제 대상 유형별 담당기관	산업용 전략물자	산업통상자원부/ 전략물자관리원	이중 용도 품목	생물류이중 용도품목	상무부, 공업농촌부, 국가위생건강위위원회
				화학품이중 용도품목	상무부
				미사일류이중 용도품목	상무부, 국방과학기술공업국, 중앙군사위원회장비발전부
				상용암호품목	상무부, 국가암호관리국
				감독통제 화학품목	상무부, 공업정보화부
	원자력 전용품목	원자력안전위원회/ 한국원자력통제기술원	군수품		국가국방과학기술공업국과 중앙군사위원회장비발전부
	군용 전략물자	방위사업청	핵		상무부, 국가원자력기구

출처: 필자 정리

2. 중국

중국도 수출통제를 국무원과 중앙군사위원회의 여러 부서가 관여한다. 국무원과 중앙군사위원회 관련 부서(이하 '국가수출통제관리부서')는 수출통제 업무를 분담한다.[36] 현재 중국의 수출통제 주관부서는 무역에 관한 대부분의 권한을 가지고 있는 상무부 산업안전 및 수출입통제국(产业安全与进出口管制局)을 중심으로, 공업 및 정보화부(工业和信息化部) 소속의 국가 국방 과학기술공업국(国家国防科技工业局), 해관총서(海关总署), 외교부, 국가원자력기구(国家原子能机构), 공안부, 중국공산당 중앙군사장비발전부(中央军委装备发展部), 국가외환관리국 등 다수의 부서가 관여하고 있다. 이처럼 「수출통제법」은 수출통제업무체계를 개선 및 구축하여 다양한 부서의 분업을 명확히 하고, 수출통제업무를 위한 제도적 보장을 하고 있다.

---

36) 중국의 「수출통제법」 제5조 제1항과 제2항.

그림 5-6 중국의 정권 구조

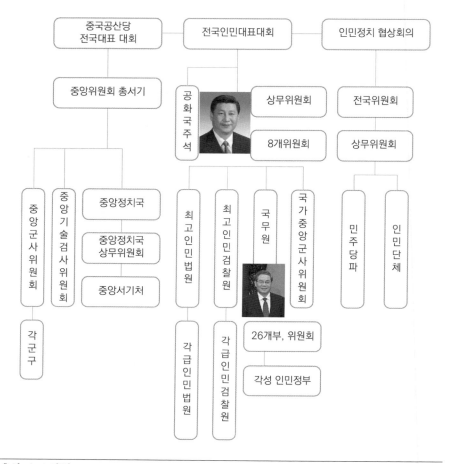

출처: 뉴스핌[37]

한편 중국은 국무원과 함께 중앙군사위원회를 명확하게 규정하고 있음을 주목할 필요가 있다. 정부조직상 중앙군사위원회는 국무원 소속이 아닌 중국공산당과 전국인민대표대회 산하에 하나씩 있는 기관으로서 실질적인 통수권은 공산당 내에 있으며, 명칭은 중복되지만 사실상 하나의 기구이다. 특히 주목할

37) 뉴스핌, "중국 통치구조와 권력투쟁", 2012.10.27., https://www.newspim.com/news/view/20121026001033

점은 중앙군사위원회의 주석은 국가주석이 겸임한다는 점이며, 이는 국가주석이 수출통제업무를 관리한다는 의미이기도 하다.

또한 동 법 제5조 2항은 국가가 수출통제 업무협력체제를 수립하여 관련 업무의 중요한 사항에 대하여 협조할 수 있도록 하고, 국가수출통제관리부서 및 국무원의 관련 부서는 수출통제에 대하여 긴밀히 협조하고 정보를 공유하도록 하여, 수출통제 관련 업무협조를 명문화하였다.

동 법 제19조에 따르면, 화물발송인 또는 통관신고 대행사가 통제품목을 수출하는 경우, 국가수출통제관리부서가 발급한 허가증을 세관에 제출하고, 국가 관련 규정에 따라 세관 신고 절차를 거쳐야 한다. 화물발송인이 국가수출통제관리부서가 발급한 허가증을 세관에 제출하지 않은 경우, 세관은 수출 화물이 수출통제 범위에 속할 수 있다는 증거가 있는 경우 화물발송인에게 질문해야 한다. 세관은 국가수출통제관리부서에 조직 신분증을 제출하고 국가수출통제관리부서가 내린 확인 결론에 따라 법에 따라 문제를 처리할 수 있다. 신원확인 또는 심문기간 동안 세관은 수출 물품을 반출하지 않는다.

동 법 제22조에서는 국가의 군용, 민용 물품 국가수출통제관리부서는 군용, 민용 물품의 수출신청을 수리하고, 단독 혹은 관련 부문과 이 법과 행정법규의 규정에 따라 군용, 민용 물품의 수출신청에 대해 심사하며, 법정기한 내에 허가 혹은 불허를 결정해야 한다. 허가 결정된 물품에 대해 증명서 발급기관은 통일적으로 수출허가증을 발급한다.

1) 이중용도품목

이중용도물품 수출통제와 관련하여 상무부가 그 품목에 따라 다른 관련 기구와 연합하여 관리한다. 생물류이중용도품목의 수출은 상무부가 공업농촌부, 국가위생건강위원회 등 부서와 연합으로 관리하며 화학품이중용도품목 수출은 상무부에서 관리하며 미사일류이중용도품목의 수출은 상무부가 수요에 따라 국방과학기술공업국, 중앙군사위원회 장비발전부 등 부서와 연합으로 관리한다. 상용암호품목38)의 수출은 상무부가 국가암호관리국과 연합으로 관리하며 감독통제화학품목의 수출은 공업정보화부가 상무부와 연합하여 수출경영자 자격관리를 진행하며 공업정보화부가 구체적인 수출심사를 진행한다.

2) 군수품

군수품의 수출통제와 관련하여 국가국방과학기술공업국과 중앙군사위원회 장비발전부가 분담규정에 따라 관리한다. 주요 관리내용은 군수품 수출전문자격증의 허가, 군수품 수출입항, 군수품 수출항목, 군수품수출허가, 군수품수출허가증 발급, 군수품수출활동에 대한 감독관리, 군수품 수출통제 불법행위 처벌 등이다.

3) 핵

핵수출 통제관리체제와 관련하여 상무부가 국가원자력기구와 연합하여 관리한다. 핵수출은 국무원이 지정한 전문업체가 전담하며 핵수출이 평화목적으로만 사용되고 국제원자력기구의 감독을 수용하고 중국 정부의 허가 없이 제3국에 양도하는 등 3대 원칙을 보장하며 관리부서는 핵수출에 대해 엄격한 심사제도를 실시하고 불법행위에 대해 엄격히 처벌한다.

3. 시사점

중국의 「수출통제법」은 국가수출통제관리부서가 다른 관련 부서와 함께 수출통제전문가 자문제도를 수립할 수 있도록 근거 규정을 두고 있다. 이는 수출통제를 과학적이고 효율적으로 관리하고 지원하기 위해서이다. 상무부의 제1

---

38) 중국 「수출통제법」이 발효된 직후인 2020년 12월 2일 첫 번째로 상용암호관리조례가 개정/공포됨. 동 조례상 수출입통제리스트는 수출의 경우 보안칩, 암호화장치, 암호화 VPN, 암호키관리제품, 암호전용설비, 양자암호설비, 암호분석설비, 암호연구/생산설비, 암호시험검증설비, 소프트웨어, 전문설계 또는 개량한 상기품목의 연구/생산 또는 이용에 사용되는 기술 등 11개 품목이며, 수입의 경우 암호화전화, 암호화팩시미리, 암호화장치, 암호화 VPN 설비 등 4개 품목임.

차 중국수출통제백서에 따르면, 수출통제 관련 부서는 이중용도 품목, 군수품, 핵 및 기타 분야의 관련 전문가를 구성하고 수출통제전문가자문단을 구성하여 과학적이고 정확한 판단을 지원한다고 밝히고 있다.[39] 이는 중국이 중국의 수출통제가 독자적이고 자의적이라는 국제적 비판에 대응하기 위하여 전문가를 활용하는 것으로 보인다.

우리나라는 「대외무역법」에 수출통제전문가 자문제도를 규정하고 있지는 않지만, 산업부는 2023년 10월 학계와 산업계의 무역기술안보 분야 전문가들이 참여한 무역기술안보포럼을 발족하였다. 그러나 수출통제는 국제적 동향에 따라 매우 가변적이고 기업에 끼치는 영향도 크기 때문에 수출통제전문가자문단을 법에 의거하여 상설적으로 운영할 필요가 있다. 그리고 수출통제전문가자문단에게는 수출통제 관련 업무 기관이 과학적이고 정확한 판단을 할 수 있도록 자문하고 지원하는 역할만을 부여하여 어떠한 법적 책임도 부과하지 말아야 할 것이다.

Ⅵ 수출통제 업무 절차 및 내용

1. 한국

1) 수출통제 업무 개관

우리나라는 중국처럼 수출경영자 자격을 취득할 필요가 없다. 우리나라의 전략물자 수출통제 업무는 수출업자가 수출하려는 물품이 수출통제 대상인가 여부를 판단하는 데서 시작한다. 수출하려는 물품이 수출통제대상 품목이 아니고, 수입자가 우려거래자가 아니라면 일반적인 수출입절차를 이용한다. 그러나 수출하려는 물품이 수출통제대상 품목이고, 수입자가 우려거래자일 경우 수출

---

39) 중화인민공화국상무부, 中国首次发布出口管制的白皮书, 2021. 12. 30 .http://exportcontrol.mofcom.gov.cn/article/gndt/202112/589.html(최종확인 2023. 12. 15).

허가를 받아야만 수출이 가능하다. 여기에서 우려거래자란 국제안보, 민주주의 및 세계평화 등을 위해 무역거래가 제한되거나 무역거래에서 주의해야 할 필요가 있는 국가, 기관, 단체 및 개인을 의미한다. 2022년 3월 우리나라는 우크라이나를 침략한 러시아와 침략에 협조한 벨라루스에 대해 수출통제조치를 취하면서 이들 국가를 우려거래자로 지정했다. 최종수요자에 대한 정보가 부족할 경우 외교부의 해외공관을 통해 현지확인 절차를 거치게 된다.[40]

2) 판정 절차

기업은 수출 시, 제일 먼저 취급품목이 전략물자에 해당하는지 여부를 판정해야 한다. 판정은 무역거래자 및 제조자의 물품이 전략물자인지 여부를 확인하는 과정이다. 즉 대상 물품 등이 별표 2(이중용도품목), 별표 2의2(상황허가 대상품목) 및 별표 3(군용물자품목)에서 규정하는 물품 등에 해당되는 것인지 여부를 판단하는 것을 말한다. 판정기관은 전략물자와 전략기술의 종류에 따라 다르다. 판정은 다시 전략물자관리시스템에서 기업이 직접 확인할 수 있는 자가판정[41]과 전략물자관리원의 품목 담당 전문가에게 판정을 의뢰하는 전문판정(사전판정)[42]으로 구분된다. 예컨대 전략물자관리원은 기업들이 많이 수출하는 산업용 물품·기술의 전략물자 여부를 판정한다.

제조업체는 자사 생산품의 사양을 이용하여 전략물자관리시스템에 접속하여 자가판정을 할 수 있다. 자가판정과 사전판정은 동일한 법적 효력을 가지므로 세관 등에서 전략물자 판정서를 요청할 경우 자가판정서를 제출하고 수출할 수 있다. 단, 통제대상이 기술인 경우에는 자가판정이 인정되지 않는다. 전략물자관리원이 산업용 전략기술에 대한 전문판정을 실시하고 있고, 한국원자력통제기술원이 원자력 전용품목 전문판정을 담당하고 있다(〈그림 5-7〉).[43]

---

40) 정인교 외, 「경제안보와 수출통제」, 박영사, 2023, 102-106면.
41) 「전략물자수출입고시」 제13조.
42) 「전략물자수출입고시」 제14조.

그림 5-7 한국의 수출통제 업무 절차

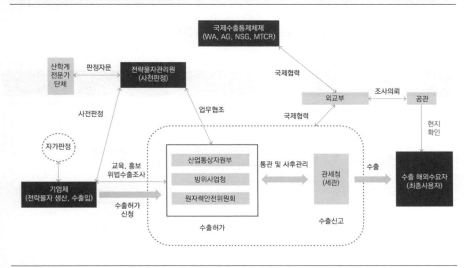

출처: 정인교 외, 「수출통제와 경제안보」, 103면

　　자가판정 제도는 기업 책임하에 스스로 전략물자 여부를 판정할 수 있도록 허용한 것이지만, 별도의 자격요건 등을 규정하지 않아 부실판정 등의 상황에서는 관리할 수 없는 문제가 발생한다. 따라서 기업 내에 전문인력이 부족하거나 애매한 경우 전문판정기관을 이용하는 것이 바람직하다.44)

　　이때 주의할 점은 자가판정 혹은 전문판정으로 전략물자에 해당되지 않는 경우이다. 즉 수입국이 우려거래자일 수 있는 상황, 즉 상황판정이 필요하다. 따라서 상황판정 시 수입자가 의심스럽다면, 수출허가기관을 통해 허가를 받아 수출해야 한다.

---

43) 「전략물자 수출입고시」 제7조에 따라, 전략물자관리원은 별표 2의 제1부부터 제9부까지에 해당되는 물품 등과 별표2의 2에 해당되는 물품 등을 담당하고, 한국원자력통제기술원은 별표 2의 제10부에 해당되는 물품 등의 전문판정을 담당하고 있다.
44) 정인교, 앞의 책, 106면.

2. 중국

중국의 이중용도품목 수출허가 절차는 다음과 같다(〈그림 5-8〉).

그림 5-8 중국의 수출통제 업무 절차

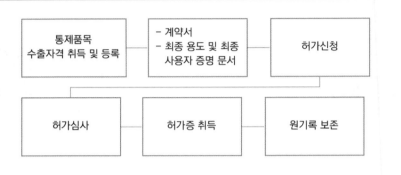

출처: 필자 정리

1) 수출자의 수출자격 취득

중국의 「대외무역법」 제9조는 "대외노무협력에 종사하는 사업장은 상응하는 자격을 갖추어야 한다."고 규정하고 있다. 이는 특정한 수출허가를 신청하기에 앞서 최초의 등록 절차라고 할 수 있다.

다음으로 「수출통제법」 제11조에 따르며, 대외노무협력에 종사하는 사업장 중에서도 통제품목 수출에 종사하는 수출경영자(수출업자, 기업)는 「수출통제법」과 관련 법률, 행정법규의 규정을 준수해야 하며, 법에 따라 관련 통제품목 수출자격을 취득해야 하는 경우 해당 자격을 취득해야 한다.

또한 「수출통제법」 제23조에 따르면, "국가에서는 군수품 수출 전문경영 제도를 시행한다. 군수품 수출에 종사하는 경영자는 군수품 수출 전문경영 자격을 얻어야 하며, 결정된 경영 범위 내에서 군수품 수출 경영활동을 한다. 군수품 수출 전문경영 자격은 국가군수품 수출관제관리부문에서 심의 허가한다."고 규정하고 있다.

따라서 수출통제목록에 나열된 통제품목을 수출하려는 자는 수출경영자격부터 취득하여야 한다. 따라서 중국의 수출업자와 거래하는 우리나라 기업은 중국의 수출업자가 통제품목을 수출할 수출자격 여부부터 살펴야 한다.

2) 수출입허가증 취득

　「수출통제법」 제12조는 통제품목의 수출은 허가제도를 실시한다고 규정하고 있다. 수출통제목록에 나열된 통제품목 또는 임시 통제품목의 경우, 수출경영자는 국가수출통제관리부서에 허가를 신청해야 한다. 따라서 중국 수출업자가 통제품목을 수출하기 위해서는 「수출통제법」, 「대외무역법」, 「이중용도 물자와 기술 수출입 허가증 관리방법」[45] 등 관련 법령에 따라 수출입 허가를 취득하여야 한다. 수출경영자는 상무부 업무시스템 플랫폼을 통해 수출허가 신청이 가능하며, 관련 부서가 심사를 통해 수출허가증을 발급한다.

그림 5-9 중화인민공화국 상무부 홈페이지

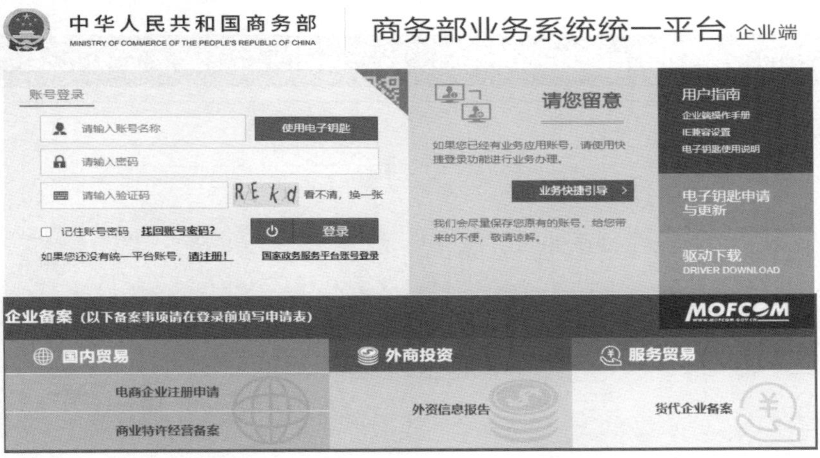

출처: 중화인민공화국 상무부

---

45) 「중국의 이중용도물품 및 기술 수출입허가관리판법」 http://www.guanwuxiaoer.com/thread
　－6393－1－1.html(최종확인 2023.12.15)

주의할 점은 수출허가를 신청하는 절차는 품목마다 다르다. 그러나 어떤 경우에는 중국 상무부가 운영하는 온라인 포털[46]에서 수행된다. 또한 어떤 품목의 경우에는 수출허가 신청 시, 지방 상무주관부서에 신청서류(hardcopy)를 직접 제출해야 한다.

2017년 「수출통제법」 초안 제33조에는 수출허가 신청 시 필요한 서류 리스트가 포함되어 있었지만, 최종 문안에는 포함되지 않았다. 서류 리스트에는 대외무역 계약서 사본, 수출품목에 대한 기술적 설명, 최종용도 및 최종 사용자에 대한 증명서가 포함된다. 행정 관행에 따르면, 지정된 최종 사용자에 의해서 발급된 최종용도에 대한 증명서가 수출경영자에게 보내지면 차례로 관할 당국에 전달된다.

3) 수출허가 심사기준

국가수출통제관리부서는 「수출통제법」 제13조에서 규정하는 다음 8가지 요소를 종합적으로 고려하고, 수출경영자의 통제품목 수출신청을 검토하여 허

그림 5-10 수출허가증 신청 가이드라인

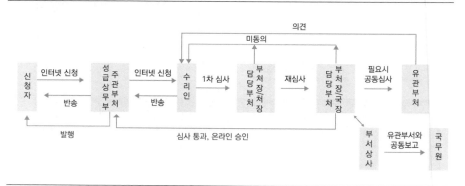

출처: 코트라[47]

46) 중화인민공화국 상무부, https://ecomp.mofcom.gov.cn/loginCorp.html
47) 코트라, "중국 수출통제제도 동향 및 향후 전망". 글로벌 공급망 인사이트, 제79호, 2023.11.2., 9면.

표 5-6 유형별 평균 소요 기간

유형	평균 소요 기간
민감품목 및 기술 수출 경영 자격 등록	10일
핵재료, 핵설비 및 원자로용 비핵재료 수출 허가	45일
핵 이중용도 물품 및 관련 설비, 기술 수출 허가	45일
생물 이중용도 물품 및 관련 설비, 기술 수출 허가	15일 또는 45일
관련 화학품 및 설비, 기술 수출 허가	45일
미사일 및 관련 물품, 기술 수출 허가	45일
준설선 수출 허가	45일
상용 암호화 품목 수출 허가	45일
독성 화학품 수출 허가	20일
갈륨, 게르마늄 수출 허가	45일

출처: 코트라[48]

가 여부를 결정한다. ① 국가안보 및 이익; ② 국제적 의무와 대외적 약속 ③ 수출 유형; ④ 통제품목의 민감도; ⑤ 수출 목적지 국가 또는 지역; ⑥ 최종 사용자 및 최종용도; ⑦ 수출업자의 관련 신용기록; ⑧ 법률, 행정법규에서 규정한 기타 요소

주목할 점은 국가안보와 이익이 수출허가 심사기준의 첫 번째 항목이라는 점이다. 이는 「수출통제법」 제정 목적과도 부합한다. 위의 여덟 가지 기준을 살펴보면, 결국 국가수출통제관리부서는 첫째, 수출경영자 자체, 둘째, 수출품목, 셋째, 최종 사용자를 조사한다. 따라서 동법 제14조에 따르면, 효율적인 내부 준수체계는 국가수출통제관리부서가 개별 수출경영자에게 특혜를 줄 수 있도록 규정하고 있으므로 국가수출통제부서는 이들 기업에게 통용허가를 부여할 수 있다.

2017년 「수출통제법」 초안 제34조는 이중용도 품목에 대한 허가신청의 승인 또는 거부를 영업일 기준 45일 이내로 결정하는 규정이 있었다. 그리고

---

48) 코트라, "중국 수출통제제도 동향 및 향후 전망". 글로벌 공급망 인사이트, 제79호, 2023.11.2., 10면.

2017년 이후의 초안에서는 15일 연장 가능성도 포함되었었다. 그러나 이러한 규정들 역시 최종 문안에는 포함되지 않았다. 대신 불특정적인 법정 기간 내에 결정을 공개하는 것으로 규정되어 있다. 그러나 45일 기간은 기존의 수출통제 법규 및 지침과 일치하므로 국가수출통제부서가 준수하려는 표준으로 보면 될 것이다.

4) 최종 사용자 및 최종용도 증명서 제출

「수출통제법」은 제15조와 제16조에서 최종 사용자에 대한 의무를 부과하고 있다. 최종 사용자라는 용어는 수출품목의 최종 수신자를 의미한다는 것을 동 법 제16조에서 알 수 있다. 「수출통제법」 제15조에 따르면, 수출경영자는 통제품목의 최종 사용자[49] 및 최종용도를 증명하는 문서를 국가수출통제관리 부서에 제출해야 하며, 관련 인증 문서는 최종 사용자 또는 최종 사용자 소재 국가 및 지역의 정부기관이 발급해야 한다.

따라서 최종 사용자의 주요 의무는 통제품목의 최종사용에 대한 증명서를 제출하는 것이다. 오로지 수출경영자만이 수출대상이 통제품목인지 여부를 조사하고, 허가를 신청하기 위해 당국에 접근할 의무가 있다. 이 과정에서 최종 사용자가 증명서를 발급받고 이를 수출경영자에게 보낸다. 일부 국가에서는 이 문서를 관련 정부 기관에서 발급한다.

동 법 제16조는 통제품목의 최종 사용자는 국가수출통제관리부서의 허가 없이 관련 통제품목의 최종용도를 변경하거나 제3자에게 양도하지 않을 것을 약속해야 한다고 규정하여 최종 사용자와 최종용도 관리에 대한 통제를 강화하고 있다. 이는 미국의 2차 보이콧(secondary boycott)[50]과 유사한 효과를 보일 것

---

49) 중국 「수출통제법」에서는 정의를 내리고 있지 않지만 우리나라 「전략물자 수출입고시」 제2조에서는 "최종사용자"를 해당 물품등을 제3자에게 이전하지 아니 하고 직접 사용하는 자라고 정의 내린다.

50) 2차 보이콧은 미국의 제품과 기술을 이용하는 제3자 또는 제3국에의 수출 또는 재수출의 경우 미국산 비율이 25%(북한, 시리아, 쿠바 또는 테러집단과 관련된 경우 10%)를 넘으면

으로 보인다.

중국 이외의 기업은 비록 중국에서 물품을 직접 수입하지 않은 경우에도 이러한 의무의 영향을 받을 수 있다. 일반적으로 제3국에서 수입한 상품에 「수출통제법」에 따라 수출통제해야 하는 중국산 부품이 포함되는 경우를 배제할 수 없다. 이를 규율하는 규정이 2017년 초안 제64조에 있었지만, 「수출통제법」 최종안에는 동 규정이 삭제되었다. 그러나 향후 「수출통제법」은 최종 제품에서 차지하는 부품의 비중이 최소인(minimal) 경우에도 중국산 통제품목을 포함하는 상품에도 적용될 것으로 예측된다. 향후 시행 규정을 통해 최소 기준의 원칙(de minimis rule)이 도입될지는 두고 볼 일이다.

동 법 제17조에 따르면, 국가수출통제관리부서는 통제품목의 최종 사용자 및 최종용도에 대한 위험관리시스템을 구축하고, 통제품목의 최종 사용자 및 최종용도를 평가 및 검증하며 최종 사용자 및 최종용도 관리를 강화해야 한다.

동 법 제18조는 국가수출통제관리부서에게 다음 상황 중 하나에 해당하는 수입업자 및 최종 사용자에 대한 통제리스트(管控名单, restricted list, control list)를 작성할 수 있는 권한을 부여하고 있다. 이때의 상황이란 ① 최종 사용자 또는 최종 사용 관리 요구 사항을 위반하는 행위 ② 국가안보와 이익을 위험에 빠뜨릴 수 있는 경우 ③ 테러 목적으로 통제품목을 사용하는 경우를 말한다. 국가수출통제관리부서는 통제리스트에 포함된 수입업자 및 최종 사용자에 대하여 해당 통제품목의 거래를 금지 또는 제한하고, 해당 통제품목의 수출중단 명령 등 필요한 조치를 취할 수 있다.

따라서 수출경영자는 통제리스트에 포함된 수입업자 및 최종 사용자와 거래를 수행하여 규정을 위반할 수 없다. 수출경영자가 특별한 상황에서 통제리스트에 포함된 수입업자 및 최종 사용자와 거래를 수행해야 하는 경우 국가수

수출금지대상이 된다는 것임. 예컨대 중국에 수출 금지된 상품을 한국기업이 싱가포르에 수출하더라도 최종적으로 중국기업에게 입수되면 미국의 규제대상이 된다는 것임. 최동준, "최근의 미국과 중국의 수출통제제도강화 경향에 대한 비교연구―미국수출통제개혁법 (ECRA) 및 중국수출통제법을 중심으로―", 「법학논집」 제25권 제3호, 2021, p.42.

출통제관리부서에 신청할 수 있다. 통제리스트에 포함된 수입업자 및 최종 사용자가 조치를 취하고, 더 이상 제1항에 명시된 상황에 속하지 않는 경우, 국가 수출통제관리부서에게 통제리스트에서의 삭제를 신청할 수 있다. 실제상황에 따라 해당 품목을 통제리스트에서 제거하기로 결정할 수 있으며, 통제리스트에 있는 수입업자 및 최종 사용자는 통제리스트에서 제외된다.

따라서 중국 내부 및 해외에 소재한 거래처와 거래를 하기 위해서는 최종 사용자 및 최종용도의 제공의무를 계약서에 규정하고, 중간에 용도변경 시 즉시 이를 수출자에게 통지하도록 조항을 기재해 법적 구속력을 만드는 것이 중요하다. 따라서 중국에 진출한 우리나라 현지 기업은 중국의 신수출통제제도로 인한 각종 법률리스크를 지속적으로 관리하고, 자문을 맡을 수 있는 내부조직 개편과 전문가 그룹의 구축이 필요하다.[51]

(1) 재수출과 최종 사용자 의무

재수출 과정은 두 개 또는 그 이상의 수출로 구성된다. 즉, 중국에서 제3국으로 통제품목을 1차 수출하고, 제3국에서 가공된 상품을 최종 사용자 국가로 2차 수출하는 경우, 1차 수출 시점에 최종 사용자가 이미 알려져 있는지가 중요하다. 1차 수출 당시 특정 기업이 최종 사용자인 경우, 해당 기업은 「수출통제법」상의 의무를 이행해야 한다. 결과적으로 두 번째 수출은 「수출통제법」에 따른 추가 허가를 취득할 필요가 없다.

그러나 1차 수출 당시 가공된 상품의 최종 사용자가 아직 정해지지 않은 경우, 1차 수출은 「수출통제법」상의 의무를 이행해야 하며, 2차 수출 시에 중국 수출통제체제에 따라 다시 조사대상이 될 수 있다. 이는 「수출통제법」이 "통제품목의 경유, 환적, 중개 및 재수출"에 적용된다고 하는 동 법 제45조 때문이다.

제3국에서 「수출통제법」의 통제대상인 품목을 포함하는 수입 품목은 동

---

51) 중기이코노미, "중업체와 교역한다면 수출통제 품목 확인해야", 2020. 12. 18. http://www.junggi.co.kr/article/articleView.html?no=26309(최종확인 2023. 12. 15).

법 제45조 의미의 재수출이 될 수 있다. 2017년 초안의 제64조는 재수출을 중국 외부에서 다른 나라로 상품을 보내는 경우라고 정의하고 있다. 먼저 중국에서 제3국으로, 그 다음에는 그곳에서 다른 제3국으로의 재수출이 된다. 「수출통제법」이 2017년 초안의 재수출 정의를 채택하지는 않았지만, 초기 행정적인 관행은 이 정의를 따르는 것으로 보인다. 향후 추가 시행 규정이 없다면 적어도 잠정적으로는 이 광범위한 정의를 따르는 것이 맞다.

따라서 제3국에서 최종 사용자의 거주 국가로 물품을 수출하는 행위는 최종 사용자가 첫 번째 수출 당시에 알려지지 않았더라도 새로운 수출허가가 필요하다. 최종 사용자는 제15조와 제16조에 따라 최종용도의 증명서를 제출할 의무가 있다. 다만 예외는 제품이 통제품목으로서의 성질을 잃어버리는 방식으로 가공되는 경우이다. 예를 들어 통제된 이중 용도 품목이 민사 목적으로만 사용될 수 있으며, 통제된 원래 구성 요소로 분해할 수 없는 경우이다.

Ⅶ 감독관리

「수출통제법」은 제3장에서 국가수출통제관리부서의 통제품목 수출활동에 대해 감독관리 의무를 별도로 규정하고 있다. 동 법은 제28조에서 국가수출통제관리부서가 이법의 규정을 위반한 혐의를 받는 행위에 대해 조사를 진행하며, 다음과 같은 조치 (1) 피조사자의 영업장소 혹은 기타 관련 장소에 대한 조사 (2) 피조사자, 이해관계인 및 기타 관련 조직 혹은 개인에 대해 피조사 사건 관련 사항에 대한 설명 요구, (3) 피조사자, 이해관계인 및 기타 관련 조직 혹은 개인의 관련 서류, 계약, 회계장부, 업무 서신 등의 문서, 자료를 열람 및 복제 (4) 수출에 사용되는 운송공구 검사, 의심되는 수출물품의 선적 중지, 비합법적 수출물품에 대한 송환 명령 (5) 사건에 연루된 물품에 대한 봉인,52) 압류 (6) 피조사자의 은행계좌 조회를 취할 수 있다고 규정하고 있다. 단 다섯 번째와 여섯 번째 조치를 취할 경우, 국가수출통제관리부서 담당자의 서면 허가를 거쳐야 한다.

동 법 제29조는 국가수출통제관리부서는 법에 따라 책임을 이행하며, 국무원 관련 부서, 지방인민정부 및 관련 부서는 반드시 협조해야 한다. 그리고 국가수출관제관리부서가 단독 혹은 관련 부문과 함께 법에 따라 감독관리 작업을 시작하면, 관련 조직과 개인은 반드시 협조해야 하며 거절, 방해해서는 아니 된다. 국가기관 및 그 직원은 조사 중 알게 된 국가기밀, 상업적 기밀, 개인 프라이버시에 대해 법에 따라 기밀유지 의무를 지켜야 한다.

동 법 제30조는 통제품목에 대한 수출관리를 강화하고 관제물품의 위법 수출 위험을 방지하기 위해 국가수출통제관리부서는 관리감독 담화, 경고장 발부 등 조치를 취할 수 있다.

동 법 제31조는 이법 규정을 위반했다는 의심을 살만한 행위에 대해, 어떠한 조직과 개인도 국가수출통제관리부서에 신고할 수 있으며, 국가수출관제관리부서는 신고를 받은 후 법에 따라 즉시 처리하며, 신고인의 기밀은 유지한다.

동 법 제32조에 따르면, 국가수출통제관리부서는 체결 혹은 참여하는 국제조약, 혹은 평등호혜원칙에 근거하여 기타 국가와 지역, 국제조직 등과 통제품목 협력과 교류할 수 있다. 중화인민공화국 국경 내 조직과 개인이 국경 밖으로 통제품목 관련 정보를 제공할 경우 법에 따라 진행하고, 국가안보와 이익을 위협하는 자료는 제공할 수 없다.

---

52) "查封"이라는 용어는 '봉인하다'로 번역될 수 있음. 이는 소유자가 반드시 해당 항목에 대한 소유권을 잃지 않는 일종의 몰수(confscation)를 의미함.

Ⅷ 처벌

1. 한국

우리나라는 전략물자 관리가 국가안보에 심대한 영향을 미칠 수 있기 때문에 관련 법과 규정 위반에 대해 처벌 수위를 높게 규정하고 있다. 상황허가가 예상될 때는 수출품이 전략물자에 해당하는지 확인해야 한다. 전략물자인지 모르고 수출했더라도 형사처벌 및 수출입을 제한하는 행정제재를 받을 수 있다. 「대외무역법」제53조에 따르면, 전략물자등의 국제적 확산을 꾀할 목적으로 수출허가 혹은 상황허가를 받지 않고 수출했거나 미수범은 7년 이하의 징역 또는 해당 물품 가격에 5배까지 벌금을 부과할 수 있다. 산업부는 적법한 절차에 따라 허가를 받지 않고 전략물자를 수출한 경우에는 전략물자 이동중지명령을 내릴 수 있고, 최대 3년까지 전략물자의 수출이나 수입을 제한하거나, 교육명령을 처분할 수 있다(〈표 5-7〉).

그러나 중국의 처벌규정과 비교해볼 때, 허가 없이 전략물자를 수출하는 업체에 대해 처분을 강화할 필요가 있다. 특히 자율준수무역거래자가 전략물자를 무허가 수출하다 적발됐을 경우 가중해 처벌할 필요가 있다. 자율준수무역

표 5-7 한국의 전략물자 무허가 불법 수출 시 제재 사항

유형	내용
벌칙	「대외무역법」제53조(5년 이하의 징역이나 거래가의 3배 이하의 벌금 부과), 목적범의 경우 가중처벌(7년 이하의 징역 혹은 거래가의 5배 이하의 벌금 부과)
미수범	각 해당 규정에 준하여 처벌
양벌규정	위반자 외에 관련 법인 또는 개인에게 해당 죄의 벌금형 부과
과태료	각 위반사항에 대해 2천만원 이하의 과태료 부과
행정제재 (행정처분)	• 이동중지명령(제23조) • 전략물자 수출입 제한 3년 이내(제31조) • 교육명령 8시간 이내(제49조)

출처: 필자 정리

거래자는 독립적인 수출거래심사기구를 갖추고, 수출거래를 심사할 수 있는 자율준수체제를 구축·운영한다고 산업부 장관에 인정받아 혜택을 받는 수출 업체다. 자율준수를 약속한 업체들이 위법을 저질렀다면 처벌 수위가 강화돼야 한다.

대기업과 중소기업을 구분해 행정처분 수위를 가중·감경하는 내용도 필요하다. 중소기업의 경우 제도를 인지하지 못하는 경우가 많은데, 이들 중소기업이 불법 수출 사례의 대다수를 차지하고 있다. 2021년 산업통상자원중소벤처기업위원회 국정감사에서 이소영 더불어민주당 의원에 따르면, 최근 10년 동안 전략물자 무허가 수출로 행정처분을 받은 기업의 90% 이상이 중소기업인데, 대기업에 비해 전담 인력과 정보가 부족해서 전략물자임을 인지하지 못하고 피해를 보고 있으므로53) 대기업과 중소기업을 구분하여 행정처분 수위를 조정해야 할 것이다.

2. 중국

1) 위법행위 유형별 처벌내용

「수출통제법」은 무거운 수준의 처벌을 규정하고 있다. 예컨대 〈표 5-8〉에서 보는 바와 같이 수출자가 허가 없이 통제품목을 수출하거나 허가범위 밖의 수출, 수출을 금지한 통제품목을 수출하는 경우 위법행위 중지 명령과 함께 위법소득이 몰수된다. 수출경영액이 50만 위안 이상인 경우, 액수의 5~10배의 벌금을 내야 하며, 50만 위안 미만인 경우 50~-500만 위안의 벌금54)을 내야 한다. 「수출통제법」은 법률 위반에 따른 벌금 이외에 경고, 위법행위 정지 명령, 위법소득 몰수, 영업정지, 허가취소, 수출자격 취소 등 해정처벌55)과 수출

---

53) 이뉴스투데이, "이소영 의원 "전략물자인 줄 모르고 수출했다 처벌받는 중소기업", 2021. 10. 22. <http://www.enewstoday.co.kr/news/articleView.html?idxno=1520489> (최종확인 2023. 12. 15).

54) 벌금은 국가가 범죄를 저지른 범인에게 부과하는 형벌의 일종이므로, 벌금형의 처벌을 받게 되면 전과(범죄경력)가 남게 된다.

표 5-8 위법행위 유형에 따른 처벌내용

유형	내용
수출자가 통제품목 수출경영 자격을 취득하지 않고 수출에 종사할 경우(제33조)	• 경고, 위법행위 정지 명령, 위법소득 몰수 • 위법경영액 50만 위안 이상: 액수의 5~10배 벌금 • 위법경영액 0~50만 위안 미만: 50~500만 위안 벌금
허가 없이 통제품목 수출, 허가범위를 넘는 수출, 수출 금지 통제품목 수출(제34조)	• 위법행위 정지 명령, 위법소득 몰수 • 위법경영액 50만 위안 이상: 액수의 5~10배 벌금 • 위법경영액 0~50만 위안 미만: 50~500만 위안 벌금 • 상황이 엄중할 경우 업무정지, 수출허가 취소
사기, 뇌물 등 정당하지 않은 수단으로 수출통제품목 수출허가증 취득, 비합법적 수출허가증 양도(제35조)	• 허가증 철회, 수출허가증 몰수, 위법소득 몰수 • 위법경영액 20만 위안 이상: 액수의 5~10배 벌금 • 위법경영액 0~20만 위안 미만: 20~200만 위안 벌금
수출자 위법행위를 알면서도 수출대리, 물품운송, 택배, 통관, 전자상거래 플랫폼 운영, 금융 등 서비스 제공(제36조)	• 경고, 위법행위 중지, 위법소득 몰수 • 위법경영액 10만 위안 이상: 3-5배 벌금 • 위법경영액 0~10만 위안 미만: 10~50만 위안 벌금
수출자가 우려거래자 명단에 열거된 수입상 및 최종사용자와 거래(제37조)	• 경고, 위법행위의 정지, 위법소득 몰수 • 위법경영액 50만 위안 이상: 액수의 10~20배 벌금 • 위법경영액 0~50만 위안 미만: 50~500만 위안 벌금 • 상황이 엄중할 경우 업무정지 및 수출자격 취소
수출자가 감독 검사를 거절, 방해할 경우(제38조)	• 경고 • 10~30만 위안 벌금 • 상황이 엄중할 경우 업무정지, 수출자격(허가) 취소
본 법 규정을 위반하여 처벌을 받는 수출자(제39조)	• 처벌 결정 발효일로부터 5년 내 제출한 수출허가 신청을 수리하지 않을 수 있음 • 직접 담당자(사람)에 5년 내 수출경영활동 금지 • 수출통제 위반으로 형사처벌을 받을 경우 종신적으로 수출행위 관련 활동 금지 • 수출경영자의 본 법 위법상황을 신용기록으로 남김

출처: 필자 정리

---

55) KOTRA, "중국 수출통제법의 이해", 2023.12.10., https://dream.kotra.or.kr/kotranews/cms/news/actionKotraBoardDetail.do?SITE_NO=3&MENU_ID=90&CONTENTS_NO=1&bbsGbn=244&bbsSn=244&pNttSn=210360(최종확인: 2024.1.20.)

업무 종사 금지, 신용기록을 남기게 하여 불이익을 받게 할 수 있다.

주의할 점은 수입업자나 최종 사용자가 저지른 범죄에 대한 처벌규정은 없다. 그러나 동 법 제15조와 제16조를 통해서 최종 사용자 증명서에 허위사실을 명시하거나 거기에 명시된 약속에서 벗어나는 행위는 처벌 가능한 범죄로 간주된다. 또한 수출경영자가 수출허가를 취득하는 과정을 적절히 통과하지 못할 경우 고의 또는 부주의로 통제품목을 수입한 경우에도 벌금이 부과될 수 있다.

수입업자와 최종 사용자가 「수출통제법」 위반으로 표적이 될 수 있는 두 번째 메커니즘은 「수출통제법」 제18조에 따른 통제리스트(restricted list, control list)다. 잠재적으로 국가안보나 국익을 위협하거나 테러 목적으로 통제품목을 사용하는 최종 사용자와 수출업자는 의무를 위반한 이유로 이 통제리스트에 포함될 수 있다. 수출경영자는 이 명단에 포함된 어떤 실체와도 거래할 수 없다.

그러나 「수출통제법」은 이때의 거래가 어떤 유형의 거래인지, 즉 중국과 직접적으로 무역하는 회사인지 아니면 오로지 통제품목과 관련된 회사를 효과적으로 통제하자는 것인지를 명시하고 있지 않다. 영향을 받은 실체는 목록에서 삭제를 신청할 수 있으며, 국가수출통제관리부서는 목록에서의 삭제를 고려할 때 광범위한 재량권을 갖는다.

3) 형사책임

중국은 「수출통제법」 제43조 제2항은 "동 법을 위반하고 국가에서 수출을 금지하는 통제품목 혹은 허가를 받지 못한 통제품목을 수출할 경우 법에 따라 형사책임을 져야 한다. 하지만 어떠한 형사책임을 부담하는지에 대해서는 해당 법률에 규정되어 있지 않다. 이와 관련하여 중국 「형법」상의 죄목들을 살펴본다면, 「수출통제법」 위반 시 중국 「형법」 제3장 '사회주의 시장경제파괴죄' 제2절의 '밀수죄'가 적용될 가능성이 크다.[56]

----

56) 손한기, "중국 수출규제법제 체계 및 주요 내용", 최신외국법제정보, 한국법제연구원, 2021, 70면 참조.

4) 양벌규정

양벌규정에 의해 회사 및 개인에 대해서도 법적 처벌이 이뤄진다. 양벌규정은 법률을 위반했을 때 위반한 사람 외에 그 사람이 소속한 개인 또는 법인이 상당한 주의와 감독을 하지 않았을 경우 법 위반자뿐만 아니라 그 법인과 개인에게도 형사책임을 묻는 제도이다. 즉 동법 제39조에 따르면, 직접책임이 있는 담당자(直接負責的主管人員)와 기타 직접책임자(其他直接责任人員)에 대해 5년 내 수출경영활동을 금지한다.57)

5) 외국인에 대한 처벌

역외적용이란 영토 밖에서 일어나는 행위에 대해서도 자국법을 적용하여 관할권을 행사하는 것을 뜻한다. 미국산 품목을 일정 비율 이상 포함한 외산품목을 재수출할 경우 미국 정부의 허가를 받도록 하는 것이 이 경우에 해당한다.58) 「수출통제법」 제44조는 "중화인민공화국 국경 밖의 조직과 개인이 관련 수출통제 관리규정을 위반, 중화인민공화국 국가안보와 이익에 위협을 주거나, 확산방지 등 국제의무 수행을 방해할 경우 법에 따라 처리하고 법률책임을 추궁한다"고 규정하고 있다. 이는 해외 외국인도 처벌할 수 있는 역외조항이며, 미국도 자국의 수출통제법 관련 법령을 위반할 경우, 미국 영토 내 입국 시 체포해 기소한다.

---

57) "中업체와 교역한다면 수출통제 품목을 확인해야 한다." http://www.junggi.co.kr/article/articleView.html?no=26309(최종확인 2023. 12. 15).

58) THEELEC, "중국 정부 수출통제 역외규정에 한국기업 피해 유의해야", 2021.1.22., https://www.thelec.kr/news/articleView.html?idxno=10542(최종확인 2023. 12. 15)

Ⅸ 시사점

1. 「수출통제법」상 업종별 의무 주의

통제품목을 거래하지 않는 수출 절차는 간단하다. 그러나 통제품목의 수출 절차에서는 어떤 기업이 수출자, 서비스 제공자, 수입자, 최종 사용자의 위치에 따라 그 의무는 다르다.

1) 수출경영자

조항	내용
제15조	최종 사용자 또는 최종용도에 대한 증명서 제출
제16조	최종 사용자 또는 최종용도변경 시 보고
제12조	통제품목에 속하는지 확정할 수 없을 경우 문의
제18조/제37조	통제리스트상의 수입자/최종 사용자와 거래 금지
제11조	수출경영자자격 범위 내에서 엄격히 허가된 활동 준수
제28조	국가수출통제부서의 감독·검사 진행 시 협조

2) 서비스 제공자

조항	내용
제19조	수출허가증 제출
제36조	제품 및 번역 확인
제20조	불법 거래를 하지 않을 것을 약속

3) 수입자

조항	내용
제16조	최종용도 문서의 진위 여부 확인
제16조	사기 또는 불법 발견 시 보고

4) 최종 사용자

조항	내용
제15조	최종용도에 대한 증명서 확보 및 제공
제16조	통제품목의 거래 또는 양도하지 않을 것을 약속

2. 「수출통제법」상 리스트 개정 모니터링 강화

1) 「수출통제법」상 리스트

조항	리스트
제4조	수출통제품목 리스트
제9조	임시수출통제리스트
제39조	수출자 블랙리스트
제18조	수입자와 최종 사용자 통제리스트(control list)
제10조	해외 국가/지역, 그리고 단체/개인 수출금지조치리스트

2) 신뢰할 수 없는 실체(기업) 리스트

미국 상무부는 2019년 5월 미국 대통령의 행정명령에 따라 Huawei 및 그 68개 관련 회사를 "실체명단"에 포함시키고, Huawei 및 그 관련 회사가 미국 정부의 허가 없이 미국기업으로부터 부품 및 관련 기술을 취득하는 것을 금지하고 더 많은 중국 하이테크기업을 해당 명단에 포함시킬 것이라고 공포하였다. 이에 중국 정부는 비상업적 목적으로 중국 기업에 공급을 막고 중단하고, 중국 기업에 중대한 피해를 입히거나 중국의 국가안보를 위협하는 외국기업과 사람의 신뢰할 수 없는 실체 리스트를 작성하겠다고 발표했다.[59] 중국 상무부

---

[59] Chi도 Huang, "China's take on national security and its implications for the evolution of international economic law", Legal Issues Econ Integr 48(2). 2021, p.14.

는 2020년 9월 19일 「신뢰할 수 없는 실체명단 규정」(이하 '「규정」')을 공포하였고, 동 「규정」은 공포일로부터 시행되었다. 이는 미·중 무역분쟁이 심화되고 있는 상황에서 중국 정부가 외국기업 등을 상대로 공포한 규정이다.[60] 수출통제에 국한되지 않는 다양한 이유로 법인은 신뢰할 수 없는 실체명단에 포함될 수 있다. 이 실체명단은 「수출통제법」 제18조 상의 리스트와 다르다. 실체명단에 관해서는 당국의 재량권이 광범위하기 때문에 「수출통제법」을 위반하면 신뢰할 수 없는 실체명단에 포함될 수 있다는 점을 배제할 수 없다.

3. 중국 진출 외상투자기업의 수출통제 정보 제공 주의

중국은 「수출통제법」 제32조 제2항에 따르면, 중국 국경 내의 조직과 개인이 국경 밖으로 수출통제 관련 정보를 제공할 경우, 법에 따라 진행하고 국가안보와 이익을 위협하는 자료는 제공할 수 없다. 동 조항에 따라 중국에 진출해 있는 우리 기업인 외상투자기업이 한국에 있는 본사에 자료를 제공할 때, 동법 상의 수출통제 정보 제공금지 조항에 위반되는지 여부에 대한 사전 점검이 필요하다. 나아가 중국에서 원자재, 반제품, 중간재를 수입해 가공 후 제3국에 수출하는 경우에도 「수출통제법」 위반 여부를 주의해야 한다.

4. 특정 국가 및 지역 대상 수출금지에 따른 대응방안 수립

중국은 「수출통제법」 제10조에서 특정 국가 및 지역으로 수출금지가 가능하다고 규정하고 있다. 해당 조항에서는 국가안보와 이익, 수호, 국제의무 필요에 따라 수출통제 물품의 수출금지 또는 관련 통제품목이 특정 국가, 지역, 특정조직 및 개인에 수출되는 것을 금지할 수 있다고 명시했다. 중국은 「수출통제법」 제48조에서도 어떤 국가나 지역이 수출통제조치를 남용하여 중국의 국가안보와 이익에 위해를 가할 경우, 중국은 실제상황에 의거하여 해당 국가 또는

---

60) 매일신문, "신뢰할 수 없는 실체명단(중국판 블랙리스트) 관련", 2020.9.25., https://www.lawtimes.co.kr/news/164800

지역에 상응하는 조치를 부과할 수 있음을 명시하고 있다. 이들 조항은 미·중 무역갈등 상황에서 미국 및 EU의 수출통제조치에 대한 보복조치를 취할 수 있는 법적 근거를 마련했다고 볼 수 있다. 이를 구체적으로 실천하기 위하여 상무부는 2021년 「외국의 법률·조치의 부당한 역외적용 저지방법」을 제정하여 외국의 법률 및 조치가 중국 영토 내에 부당하게 적용될 경우 해당 법률 및 조치의 준수금지 명령 및 보복조치가 가능하도록 하였다.[61]

5. 우리나라의 중·장기적 입법·정책적 대응

1) 입법적 대응

우리나라도 중국처럼 수출통제 기본법을 제정하여 수출통제를 체계적이고 종합적으로 규율할 필요가 있다. 우리나라 「대외무역법」은 제19조-제31조, 제38조, 제53조-제59조에 수출통제 관련 규정이 있다. 미국은 「수출통제개혁법」이 있고, 중국은 「수출통제법」이 각각 상위 법률로 존재하는 만큼 우리나라도 경제안보의 핵심인 수출통제를 전문적이고 종합적으로 규율하는 수출안전관리법(가칭)이 중·장기적으로 추진되어야 할 것이다.

2) 정책적 대응

정책적으로는 중국의 수출통제조치와 비수출통제조치에 대한 시나리오별 대응방안이 시급하다. 그 이유는 중국은 수출통제조치뿐만 아니라 비수출통제조치를 통해서 언제든지 한국의 산업에 엄청남 피해를 끼칠 수 있기 때문이다. 이를 위해서는 수출통제조치와 비수출통제조치의 유형, 집행 기관, 피해 등을 면밀히 비교하여 양 조치에 따른 우리 정부의 정책적 대응이 필요하다.

---

61) 최동준, 앞의 논문, 40면.

3) 제도적 대응

제도적으로도 중국이 「수출통제법」이 수출통제전문가 자문제도를 수립할 수 있도록 근거 규정을 둔 것처럼 우리나라도 수출통제전문가 자문제도를 수립하여 수출통제를 과학적으로 접근할 필요가 있다. 우리나라는 「대외무역법」에 수출통제전문가 자문제도를 규정하고 있지는 않지만, 산업부는 2023년 10월 학계와 산업계의 무역기술안보 분야 전문가들이 참여한 무역기술안보포럼을 발족하였다. 그러나 수출통제는 국제적 동향에 따라 매우 가변적이고 기업에 끼치는 영향도 크기 때문에 수출통제전문가자문단을 법에 의거하여 상설적으로 운영할 필요가 있다.

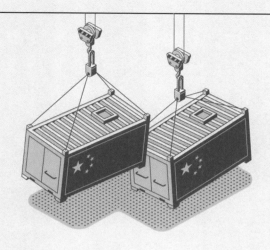

CHAPTER 06

대만의 수출통제제도 및 위반사례

대만의 수출통제제도 및 위반사례

I 대만의 수출통제제도 연혁

중국은 대만이 핵비확산조약(NPT)을 포함한 국제조약, 국제기구 및 다자간 수출통제체제에 가입하지 못하도록 압력을 가해왔다. 대만은 독특한 법적 지위가 대만의 수출통제시스템을 유지하고 발전시키는 데 한계가 있다. 이러한 상황에도 불구하고 대만은 첨단기술, 이중용도 품목 및 기술의 글로벌 주요 공급자이므로 미국은 1980년대부터 대만이 자체적으로 수출통제제도를 구축하고 강화할 수 있도록 협력해왔다.

표 6-1 대만의 수출통제 연혁

연도	수출통제 내용
1988	미국과 대공산권수출조정위원회(COCOM) 지침을 준수한다는 양해각서 체결
1993	• 「무역법」 제13조와 제27조에서 SHTC 거래 관리를 위한 법적 근거 마련. • 2년 후 COCOM 지침을 준수하는 SHTC 수출통제제도 시작 • 「무역법」은 허가 없이 제한 지역(이란, 이라크, 북한, 쿠바, 수단, 시리아, 중국)으로 SHTC를 수출입하는 경우 5년 이하의 징역, 구류 또는 벌금
1998	• SHTC 수출통제체계에 WA, AG, NSG, MTCR 반영

연도	수출통제 내용
1996	• 자금세탁방지법(MLCA) 공포
2004	• 상황허가제도 도입 • 최종용도 또는 최종사용자가 WMD 개발 또는 배달 수단으로 의심하는 경우 SHTC 로 간주
2005	• 첨단기술 유출방지를 위한 하이테크상품 통제리스트 도입
2006	• 북한과 이란으로 수출통제를 위해 민감품목목록(SCL) 통합 적용
2009	• 대만은 EU의 이중용도 품목 및 기술 목록과 EU의 공통 군사 목록 채택
2011	• 관세청과 BOFT는 「수출제한 대상 상품 목록」 및 「수출 검사를 위해 세관이 지원하는 상품 목록」 공포
2012	• 국제무역국은 제한 지역 목록에서 중국 삭제 • 반도체 웨이퍼 제조 장비인 12개 카테고리만을 중국으로 수출제한
2013	• 대량살상무기 확산 자금 조달 방지에 관한 태스크포스 권고사항 7을 반영하는 MLCA 개정안 작성
2017	• EU의 이중용도 품목 및 기술 목록과 EU의 공통 군사 목」, 북한과 이란의 SCL 세 가지 목록
2019	• 내부규정준수프로그램(Internal Compliance Program, ICP) 이행 기업 지침
2022	• SHTC 실체 목록 • SHTC 유형, 특정 SHTC, 제한지역 수출
2023	• ICP 회사 목록 • 이중용도 품목 수출통제 목록 및 공통 군사 목록
2024	• 러시아와 벨라루스 하이테크품목 목록

출처: 필자 정리

〈표 6-1〉에서처럼 대만은 미국과 양자 협력형태로 1993년에 수출통제제도를 도입하고, 2004년에는 상황허가제도(catch all)를 시행하였다. 2005년에는 대만의 첨단기술 유출을 방지하기 위해 하이테크 품목 통제목록을 도입하였다.[1] 대만의 통제목록은 바세나르 협약(WA), 미사일기술통제체제(MTCR), 호주그룹(AG), 핵공급국그룹(NSG) 등의 목록에 부합하고 있다. 현재 대만의 수출통제 목록에는 EU의 이중용도 품목 및 기술 목록 및 공통 군사 목록, 러시아와 벨라루스로의 수출에 대한 하이테크 품목 목록(High-Tech Commodites List for

---

1) 심성근, "수출통제의 최근 국제동향과 시급한 무역안보 대비", 대외경제정책연구원, 월간 KIEP 세계경제, 1월호, 2006, 44-45면.

Exportation to Russia and Belarus)[2]를 사용한다.

II 대만의 전략적 하이테크 품목(SHTC) 수출통제 법체계

1. 무역법

1993년에 공포된 「무역법(貿易法)」[3]은 대만 수출통제체제의 법적 근거가 된다. 일단 동 법 제11조 제1항에 따르면, "상품은 자유로운 수출과 수입이 허용되어야 한다"고 규정하고 있다. 따라서 대만은 기본적으로 상품의 수출과 수입이 자유롭게 허용되는 국가이다. 다만 국제조약, 무역협정 또는 국방, 치안, 문화, 건강, 환경상의 사유로 인해 환경 및 생태 보호 또는 정책적 필요에 따라 일부 수출을 제한할 수 있다. 이러한 대(大)전제하에 「무역법」은 제13조와 제27조에서 전략적 하이테크 품목(Strategic High-Tech Commodities, 이하 'SHTC') 거래 관리를 위한 법적 근거를 두고 있다.

1) 제13조

동 법 제13조 제1항에 따르면, 국가안보를 보장하기 위해 국제협력 및 협정을 이행하고, SHTC의 수출입 규정 및 흐름 관리를 강화하여 첨단기술 상품의 도입을 촉진하고 해당 상품의 수출입은 다음 규정을 준수해야 한다. (1) 허가 없이는 수출이 허용되지 않는다. (2) 수입 증명서가 발급되면, 허가 없이 수입자를 변경하거나 제3국이나 지역으로 이전할 수 없다. (3) 최종용도와 최종사용자를 사실대로 밝혀야 하며 허가 없이 변경할 수 없다.

제한된 지역으로 이동된 특정 SHTC는 허가 없이는 대만의 통상적인 항구

---

2) 경제부 국제무역국, "무역법규와 관리", 2024.2.21., https://www.trade.gov.tw/Pages/List. aspx?nodeid=4600

3) https://law.moea.gov.tw/EngLawContent.aspx?lan=E&id=10365와 https://www.trade.gov.tw/english/Pages/detail.aspx?nodeID=86&pid=778545

그림 6-1 대만의 상업 항구

출처: Middleburry Institute of International Studies at Monterey

를 통하여 국경을 경유, 환적 또는 보세창고에 보관할 수 없다(제13조 제2항). 현재 대만은 7개의 국제 상업 항구(지룽, 가오슝, 화롄, 타이중, 쑤아오, 안핑, 타이베이)가 있다(〈그림 6-1〉). 「무역법」은 이란, 이라크, 리비아, 북한 등 모든 UN 금수국가에 대해 수출을 금지하고 있다. 중국으로의 수출 역시 세밀한 조사를 거치며, 통제품목을 수출하기 위해서는 허가를 받아야 하고, 물자의 최종 사용자와 최종용도를 기재한 최종 사용자 진술 조항을 이행해야 한다.

　　제13조 제3항에 의거하면, 동 조항 제1항과 제2항 상의 품목 유형 및 제한지역 주관부서가 공고하고 대중을 위하여 정부 관보 및 무료 웹 사이트에 게시

대만이 첨단 반도체 등이 군사용으로 사용되지 않도록 러시아와 벨라루스에 대한 수출통제를 확대하기로 했다. 26일 대만 자유시보 등에 따르면 대만 경제부는 이날 국제협력을 이행하기 위해 관련 규정을 개정해 45개 품목을 수출 규제 목록에 포함했다고 밝혔다. 수출 규제 목록에는 반도체 제조용 장비와 특정 화학 물질이 포함됐다고 로이터 통신은 설명했다. 대만은 러시아의 우크라이나 침공 이후 자국산 첨단 장비가 군사용으로 사용되는 것을 막겠다며 반도체를 포함한 기술 제품 수출을 금지하는 형태로 국제사회 제재에 동참했다.

그러나 최근 수거된 무기 잔해에서 가정용 전자제품에 사용된 일부 부품이 발견된 것으로 전해졌다.

출처: 연합뉴스4)

해야 한다. 제13조 제2항의 규정을 위반한 특정 SHTC는 주관부서가 이 법 또는 관계 법률에 따라 억류할 수 있다. 몰수된 경우를 제외하고, 주관부서는 해당 물품을 반송해야 한다(제13조 제4항). 제13조 제2항의 억류된 물품에 대해서 주관부서는 세관에 위탁하여 집행할 수 있다(제13조 제5항). 제1항 및 제2항의 허가신청 조건 및 절차, 수출입, 운송, 재수출 또는 보세창고, 물류센터 보관센터, 자유무역항지역 관리, 수출입목적 및 최종 사용자 신고, 변경 및 제한, 물품 흐름 및 감사 목적에 관한 규정과 기타 준수해야 할 사항은 주관부서가 정한다(제13조 제6항).

2) 제27조

동 법 제27조 제1항에 따르면, (1) 허가 없이 제한 지역으로 수출되는 경우 (2) 수입증명서 발급 후, 수입 전 허가 없이 제한 지역으로 이전되는 경우 (3) 수입 후 허가 없이 수입 상품의 용도나 최종 사용자가 원래 신고에서 핵 또

---

4) 연합뉴스, "대만, 대러시아 수출통제 확대... '국제협력 이행'", 2023.12.27.

는 생화학 무기 또는 미사일과 같은 군사 무기의 생산, 개발로 변경되는 경우, SHTC 수출입자는 5년 이하의 유기징역, 단기 구류 또는 이에 병과하여 NT$300만 이하의 벌금에 처한다. 법인의 대표자, 법인 또는 자연인의 대리인, 사용인, 기타 종업원이 업무를 수행함으로써 전항의 행위를 한 경우, 행위자를 처벌하는 외에 법인 또는 자연인에게도 전항의 규정에 따라 벌금을 부과한다 (제27조 제2항).

2) 제27-1조

제27조 제1항에 규정된 상황 중 하나가 발생하는 경우 경제부(Ministry of Economic Act, 이하 'MOEA')의 국제무역국(國際貿易局, Bureau of Foreign Trade, 이하 'BOFT')5)은 1개월 이상 1년 이하의 기간 동안 수출입 또는 수출입 물품을 정지하거나 수출입자 등록을 취소한다.

3) 제27-2조

SHTC 수출입이 (1) 허가 없이 제한 지역 이외의 지역으로 수출되는 경우 (2) 수입증명서 발급 후, 허가 없이 수입자가 변경되거나 해당 물품이 허가 없이 제한 지역 이외의 제3국 또는 지역으로 이전되는 경우 (3) 수입 후 허가 없이 수입 상품의 용도나 최종 사용자가 원래 신고에서 핵 또는 생화학 무기 또는 미사일과 같은 군사 무기의 생산, 개발로 변경되는 경우 경제부 국제무역국은 NT$60,000 이상 300만 위안 이하의 벌금을 부과하거나 1개월 이상 1년 이하의 기간 동안 수출입 또는 수출입 물품을 정지하거나 수출입자 등록을 취소

---

5) The Bureau of Foreign Trade was subsequently established on January 1, 1969, under the MOEA to administer trade in general commercial goods.[1] It was later renamed as International Trade Administration.

한다. 제13조 제2항의 규정을 위반한 특정 SHTC는 주관기관이 몰수할 수 있다.

2. 전략적 하이테크 품목 수출입 관리방법

1) 구성 및 주요 내용

1993년 3월 31일에 제정된 「전략적 하이테크품목 수출입 관리방법(戰略性高科技貨品輸出入管理辦法)」(이하 '「방법」')[6]은 총 4개의 장과 22개의 조항으로 구성되어 있다. SHTC 수입자와 수출자는 반드시 이 「방법」에 의거하여 모든 수출입 절차를 진행해야 한다. 「방법」은 제1조에서 「무역법」 제13조 제6항에 의거하여 이 「방법」을 제정한다고 그 입법 취지를 밝히고 있다. 「무역법」 제13조 제6항은 허가신청 조건 및 절차, 수출입, 운송, 재수출 또는 보세창고, 물류센터 보관센터, 자유무역항지역 관리, 수출입목적 및 최종 사용자 신고, 변경 및 제한, 물품 흐름 및 감사 목적에 관한 규정과 기타 준수해야 할 사항은 주관부서가 정한다고 규정하고 있다.

표 6-2 「방법」의 구성 및 주요 내용

구분		내용
제1장 총칙	제1조	「무역법」 제13조 제6항에 의거하여 「방법」 제정
	제2조	「방법」의 적용 범위
	제3조	주관부서 및 기타 관련 부서
	제4조	삭제
	제5조	SHTC 수출입 관리를 위한 전담 조직 설치 (1) 의심스러운 수입 및 수출 SHTC 식별 (2) 수출입 SHTC 흐름과 용도 점검
제2장 수입 관리	제6조	수입자가 국제수입증명서 발급을 신청하는 경우 필요한 서류
	제7조	수입자가 보증서의 서명 및 발급을 신청하는 경우 필요한 서류
	제8조	국제수입증명서 또는 보증서 기재 내용 변경
	제9조	수입자가 국제수입증명서 또는 보증서의 유효기간 만료 후 수입한 경우

....

6) https://law.moea.gov.tw/LawContent.aspx?id=FL011375

구분			내용
	제10조	제1항	수입자가 이미 국제수입증명서 또는 보증서를 취득한 물품 수입한 경우
		제2항	수입자가 수입 시 수입신고서에 국제수입증명서 또는 보증서 번호 및 품목을 기재한 경우
	제11조	제1항	수입자가 수입 확인을 위해 도착증명서 신청서 각 사본에 직인을 세관에 신청할 때.
		제2항	물품의 수입 통관이 완료된 이후
		제3항	검사 면제 대상으로 선정된 경우
	제12조	제1항	수입자가 토착증면서 발급 신청 시 (1) 도착증명서 신청서 사본 (2) 국제수입증명서 또는 보증서 사본 (3) 기타
		제2항	도착증명서 및 신청서 형식은 경제부 국제무역국(TITA)가 규정
	제13조		국제수입증명서, 보증서 또는 도착증명서를 분실한 경우
	제14조		제1항 국제수입증명서 또는 보증서에 기재된 내용에 따라 수입 처리, 발급기관의 허가 없이 수입자 변경 또는 제3자에게 양도 금지 제2항 국제수입증명서 또는 보증서에 명시된 최종용도 및 최종 사용자를 변경할 필요가 있는 경우
제3장 수출 관리	제15조	제1항	SHTC 수출자 수출허가 신청, 수출허가는 6개월 동안 유효. 포괄수출허가(multiple shipments) 신청 가능. 단, 다음 조건 중 하나에 해당하는 경우 유효기간 2년 (1) 4대 국제수출통제체제(WA, MTCR, NSG, AG) 가입국 (2) 수출자가 비제한 지역으로 6개월 동안 5회 이상 동일한 국가 또는 지역 그리고 동일한 수입자에게 SHTC를 정기적으로 수출하는 경우
		제2항	미국 또는 일본으로 수출되는 SHTC가 다음 상황 중 하나에 해당하고, 수출자가 해외거래 대상이 SHTC 수출실체 관리명단의 대상 또는 주관기관이 고시한 특정 대상에 속하지 않음을 확인한 경우 주관기관은 수출 허가증을 면제할 수 있음. (1) 동일한 수출통제 상품의 FOB 가격이 NT$300,000 미만 (2) 내부수출통제 시스템을 시행하고, TITA가 인정한 수출자(이하 'ICP')
	제15-1조	제1항	SHTC를 수출하는 IPC는 TITA에 유효기한이 3년인 수출허가증 신청할 수 있으며, 허가증의 목적지 국가, 구매자, 수취인 및 최종 사용자 란에 신청해야 하며, 하나 이상의 특정 목적지 국가, 특정 구매자, 특정 수취인 및 특정 최종 사용자를 기입해야 함.
		제2항	ICP는 전년도 내부검사보고서를 매년 3월 31일 이전에 TITA에 제출하여 검토를 받아야 함.
		제3항	ICP가 다음과 같은 상황에 해당하는 경우 TITA는 제1항의 ICP 자격을 취소하

구분			내용
			고, 수출허가증을 취소할 수 있음.
			(1) 전항의 규정을 위반하는 행위
			(2) TITA로부터 통제업무 절차가 내부수출통제제도를 준수하지 않는 것으로 확인되어 개선 통고를 받았으나 기한 내에 개선되지 않은 경우
			(3) SHTC 불법수출
	제16조	제1항	SHTC에 수출허가증을 신청하는 수출자는 다음 서류를 첨부
			(1) SHTC 수출허가신청서 작성
			(2) 수입국 정부가 발행한 국제수입증명서, 최종용도 증명서 또는 보증서, 또는 외국 수입자 또는 최종 사용자가 제출한 최종용도 보증서. 용도 및 최종 사용자를 사실대로 신고
			(3) 관련 거래서류
			(4) 기타 규정에 따라 첨부하여야 하는 서류
		제2항	ICP가 유효기한 3년의 수출허가증을 TITA에 신청하는 경우, 외국 수입자 또는 최종 사용자와 ICP가 동일한 회사에 속하거나 지배회사와 종속회사의 관계인 경우, TITA의 동의를 거쳐 본사 또는 지배회사가 최종사용 보증서를 발급해야 하며, 전항 제3항의 관련 거래서류 첨부는 면제
		제3항	수출자는 국제수입증명서, 최종사용증명서 또는 보증서의 유효기간 내에 수출허가를 신청해야 함. 다만, 유효기간이 기재되어 있지 않은 경우에는 기재한 발행일 또는 보증서 발행일로부터 1년 이내에 수출허가를 신청해야 함.
	제17조	제1항	해외에서 수입된 SHTC를 재수출하는 경우 수출자는 전조의 규정에 따라 처리해야 하며, 만약 원 수출국 정부가 먼저 동의를 먼저 동의를 해야 하는 경우 원 수출국 정부의 재수출 승인 증명서류를 다시 첨부하여 처리해야 함.
		제2항	전항의 재수출 SHTC 상품의 경우 원래의 상품이 재수출되는 경우와 같이 수출자는 수입 당시 본국이 발급한 국제수입증명서 번호 또는 수입 사실을 증명하기에 충분한 기타 서류를 제출해야 함.
		제3항	ICP가 유효기간 3년의 수출허가증을 TITA에 신청할 경우, 원래 수출국 정부가 재수출에 동의한 문서와 수입증명문서 원본을 첨부할 필요는 없지만, 수출자는 반드시 이 서류를 보관하여 TITA의 후속 조사에 제공해야 함.
	제18조	제1항	비통제 지역으로 수출되는 SHTC가 다음 각호의 하나에 해당하는 경우 수출자는 제16조 제1항 제1호, 제3호, 제4호 및 기타 충분한 자격을 입증하는 서류를 검사하여 수출허가증을 신청해야 함.
			(1) 동일한 수출통제 상품의 수출 가치가 NT$150,000 미만
			(2) 전시품, 수리품, 테스트품, 반품품 등은 임시 수출 후 재수입
			(3) 정부 기관, 대학, 학술 연구 기관이 수입업체이자 최종 사용자
			(4) 원래 상품이 원래 수출자에게 운송

구분			내용
			(5) 기타 TITA의 승인을 거친 특별 프로젝트
		제2항	전항 제2호에 열거된 상품의 경우, 수출자는 승인 기한 내에 수입증명서류를 첨부하여 원래 발급기관(기구)에서 사건 처리
		제3항	제1항 제2호의 전시품이 전시 기간 내에 판매되는 경우, 수출자는 앞의 2개 조문에 규정된 관련 서류를 제출해야 하지만 제한 지역으로 수출해서는 안 됨.
	제19조	제1항	SHTC 수출자는 수출허가증의 승인 내용 준수
		제2항	수출허가증의 내용은 유효기간이 만료되기 전에 관련 증명서류를 첨부하여 변경을 신청해야 함. 다만, 신청인의 명칭은 변경등록이 승인된 경우를 제외하고는 변경할 수 없음.
		제3항	수출허가증 유효기간이 만료되면 연장을 신청할 수 없음.
		제4항	제1항의 화물이 통관된 후 1개월 이내에 검증증명서를 원래 발급기관(기구)에 제출하여 검증을 받아야 하며, 포괄 수출하는 경우에는 모든 수출 후 1개월 이내에 검증을 실시해야 함. 다만, 전자사증을 통해 수출허가를 신청하는 경우에는 그러하지 아니함.
		제5항	SHTC 수출허가증의 형식은 TITA가 정함.
	제20조	제1항	특정 SHTC가 항구를 통해 통과 또는 재수출되어 통제지역으로 운송되는 경우, 화주 또는 그 수탁자는 반드시 수출국 정부의 허가서류 및 수입국 정부가 발급한 보증서류 또는 수입국 또는 최종 사용자가 발급한 최종용도보증서를 첨부하여 사전에 무역서 또는 위임 또는 위탁받은 기관(구)에 허가를 신청하여야 함.
		제2항	보세창고, 물류센터 및 자유무역항구의 특정 SHTC를 수입하여 통제지역으로 운송하는 경우, 화주 또는 그 수탁자는 반드시 수출국 정부의 허가서류 및 수입국 정부가 발급한 보증서류 또는 수입국 또는 최종 사용자가 발급한 최종용도보증서를 첨부하여 TITA에 허가를 신청한 후 출고하여야 함.
제4장 부칙	제21조	제1항	SHTC를 수출하는 수출입자는 관련 문서 또는 자료를 5년 동안 보관해야 함.
		제2항	발급기관(기구) 또는 제5조의 전담팀은 관리상의 필요에 따라 수출입자에게 SHTC 및 향후 흐름에 관한 관련 문서 및 자료를 제공하도록 요구할 수 있으며, 수출입자는 이를 거부할 수 없음.
	제22조		이 「방법」은 공포일로부터 시행함.

출처: 필자 정리

2) SHTC 허가증 신청 절차

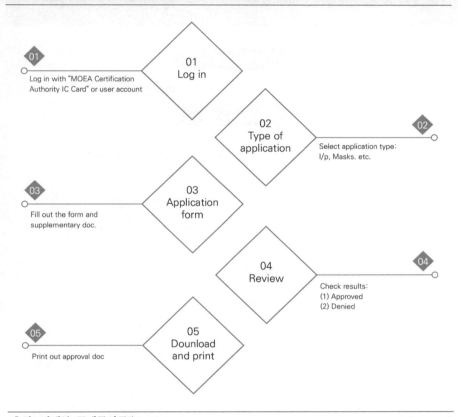

01
Log in with "MOEA Certification
Authority IC Card" or user account

01
Log in

02
Type of
application

02
Select application type:
I/p, Masks. etc.

03
Fill out the form and
supplementary doc.

03
Application
form

04
Review

04
Check results:
(1) Approved
(2) Denied

05
Print out approval doc

05
Dounload
and print

출처: 경제부 국제무역국[7]

---

7) https://www.trade.gov.tw/ProcessList/ProcessList.aspx?nodeID=4435&pid=6

III 대만의 SHTC 수출통제 담당기관

대만은 MOEA가 「무역법」에 의거하여 수출입통제 제도를 시행한다.

그림 6-3 대만 경제부의 구성

출처: 경제부8)

경제부 국제무역국(經濟部國際貿易署, the International Trade Administration, TITA)은 수출통제 정책 수립에 중요한 역할을 한다. 수출통제업무에는 수입·수출 관리 체제 관리, 무역 기업에 대한 지침 제공, 허가증 발급, 검사 수행, 등록된 수입자 및 수출자의 운영 모니터링, 무역 안보 관리 등이 포함된다. 「무역법」 제5조에 국가안보를 보호할 목적으로 경제부는 국방부·재무부와 같은 관련 기관과 함께 행정원에 특정 국가 또는 지역과의 무역을 보고하고 금지 또는 제한

8) https://www.moea.gov.tw/Mns/populace/introduction/Organization.aspx?menu_id=32772

그림 6-4 대만 경제부 국제무역국

經濟部國際貿易署 International Trade Administration | 回首頁 | 網站導覽 | 民眾信箱 | 訂閱電子報 | 常見問答 | API | English 字體 小 中 大

協助廠商出口　經貿往來　會展產業發展　貿易法規與管理　國際組織協定　關於貿易署　新聞與公告

首頁 / 貿易法規與管理

➕ 貿易法規

➕ 貿易管理

➖ 高科技貨品管理

甚麼是戰略性高科技貨品 | 輸往俄羅斯及白俄羅斯高科技貨品清單 | 輸出許可證與進口保證文件申請

企業內部出口管控制度(ICP) | 訊息分享與相關網站連結 | 宣導會資料下載

출처: 경제부 국제무역국9)

을 결정할 수 있다.

Ⅳ 대만의 SHTC 수출통제 위반사례

1. 2004년 사례

2004년 9월 상해에 기반을 둔 SMIC(Semiconductor Manufacturing International Cooperation)10)는 90 나노미터 (0.09 마이크론) 식각 기술을 자체적으로 개발했다고 주장했다. 그러나 미국은 대만 TSMC(Taiwan Semiconductor Manufacturing Company) 직원 등을 통해 하이테크 기술이 불법적으로 유출된 것으로 의심하였다. 미국은 대만의 반도체 제조기술이 중국

----

9) https://www.trade.gov.tw/Pages/List.aspx?nodeID=4266
10) 중국 최대 반도체 파운드리(위탁생산) 업체인 SMIC(중신궈지 · 中芯国际).

의 미사일 및 기타 무기시스템용 칩 생산에 사용될 것을 우려하였다[11] 중국 반도체업체는 자체개발로 기술 선진화를 주장하였지만, 미국은 대만의 수출통제제도의 효율성에 대해 의심하였다. 대만 수출통제제도의 급속한 발전은 대만을 통해서 전략적 하이테크 품목과 기술이 중국으로 유출될 수 있다는 미국의 우려와 이를 방지하려는 노력에서 출발되었다고 할 수 있다.

2. 2006년 사례

2006년 4월 13일 일본 산케이신문에 따르면, 2005년부터 대만 판매자에게서 구매한 고정밀제어 선반이 중국군의 미사일 장착품과 부품 제작에 사용되었다.[12] 당시 대만의 MOEA는 4월 18일 대만의 수출통제 체제가 완벽하지 못 하여 중국의 최종 사용자가 수출 물자를 어떤 용도로 사용할지 통제하기는 매우 어렵다고 밝혔다. 그리고 중국군의 미사일 개발에 사용된 기계 공구가 대만에서 중국으로 선적된 것인지, 이후 중국군이 어떻게 사용하게 되었는지도 조사하고 있다고 했다. MOEA의 조사에 따르면, 2005년 1월 1일에서 2006년 3월 사이 중국 미사일 장착품 생산에 사용할 수 있을 만한 성능을 가진 기계 공구가 합법적으로 수출된 기록은 없다고 한다. 중국으로 수출된 선반을 포함하여 향후 어떤 대만산 물자라도, 최종 사용자에 의해 군사 목적으로 사용될 가능성이 있기 때문에 「전략적 하이테크 품목 수출입 관리방법」에 근거하여 철저한 통제가 필요하다.

중국 내전(1927-1949)이 끝나고 민족주의 세력이 이끄는 국민당이 대만 섬

----

11) Center for Norproliferation Studies. Morterey Institute of International Studes, "Chinese Semiconductor Company Declares Technology Advances Homegrown; Questions Raised about Efficacy of U.S., Taiwan Controls", Asian Export Control,, Issue 6, February/March 2005, pp.4-6. https://nonproliferation.org/wp-content/themes/pitch_premium/pdfs/aeco_0502.pdf

12) 몬트레이 국제학대학원 비확산연구소, "대만에서 중국으로 민감한 공작기계 수출", Interantional Export Control, Issue 7, May 2006, 6-7면. https://nonproliferation.org/wp-content/themes/pitch_premium/pdfs/ieco_0605k.pdf

으로 후퇴한 이후, 중국공산당은 대만을 중국 본토에 통합시키려고 노력해왔다. 중국은 여러 압력 수단을 사용했는데, 대만을 겨냥한 남동부 해안지역에 대륙 간 탄도미사일 설치도 그중 하나다. 중국군의 이러한 위협 때문에, 대만은 미래에 대만을 향해 사용될 수도 있는 중국의 군비 증강에 잠재적으로 기여할 가능성이 있는 첨단기술이 중국으로 이전되는 것을 막아야 할 것이다.

V 결론

1. 경제안보 협력

라이칭더(賴清德)는 대통령 후보 시절 평화 4대 기둥 행동 방침(Four-pillar plan for peace)(이하 '방침')을 제안했다.[13] 그리고 이 방침의 두 번째 기둥이 바로 경제안보는 국가안보라는 구상이다. 구체적으로는 중국에 대한 경제 의존도를 줄이고, 민주주의 국가들과 협력하고 싶다고 밝혔다.[14] 대만도 우리나라처럼 대중국 경제 의존도를 줄이고, 민주주의 국가들과의 협력을 통해 궁극적으로는 안정적인 공급망을 구축하는 것이야말로 경제안보라고 보고 있다. 따라서 라이칭더 총통은 중국에 대한 경제 의존도로 인해 중국이 대만에 대해서 경제 강압 조치를 채택할 수 있는 취약성이 생겼다는 판단하에, 무역 다변화를 촉진할 수 있는 무역협정 확대와 안전한 공급망구축에 나설 것이다.

---

13) Wall Street Journal, "My plan to Preserve Peace in the Taiwan Strait", July 4, 2023, https://www.wsj.com/articles/my-plan-to-preserve-peace-between-china-and-taiwan-candidate-election-race-war-7046ee00

14) Taipei Times, "Lai spells out plan to preserve peace in strait", Jul 06, 2023, https://www.taipeitimes.com/News/front/archives/2023/07/06/2003802755

표 6-3 평화 4대 기둥 행동 방침15)

기둥	주제	내용
기둥 1	대만의 억제력 구축	훈련, 군대 재편성, 민방위, 정보 공유 분야에서 파트너 및 동맹국과의 협력을 강화하는 동시에 대만의 군사력을 비대칭 전투부대로 전환하는 것을 가속화할 것
기둥 2	경제안보는 곧 국가안보	라이칭더 총리는 대만 내 안전한 공급망 구축을 가속화하는 동시에 무역 다각화를 위한 무역협정을 추진할 것
기둥 3	전 세계 민주주의 국가들과 파트너십 형성	• 올해 대만이 의료 지원을 제공하기 위해 아시아에서 처음으로 의료팀을 우크라이나에 파견 • 대만을 방문하는 국회의원, 비정부기구, 싱크탱크, 공식 대표단의 수가 새로운 최고치를 기록 • 이는 중국 정부의 압력에도 불구하고 대만만이 혼자가 아니라는 것을 의미
기둥 4	꾸준하고 원칙에 입각한 양안 리더십	• 중국 정부가 1992년 합의와 하나의 중국 원칙을 바탕으로 최근 몇 년간 대만과의 소통을 단절 • 대만 해협, 일본과 남중국해에서 PLA의 강압적인 행동으로 인해 양안 간의 군사적 긴장 고조

출처: 필자 정리

2. 경제체제를 통한 공급망 협력

대만 총통 선거를 하루 앞둔 12일 라이칭더는 "당선되면 한국과의 관계를 강화하고, 신(新)공급망 안보 대화를 열겠다"고 밝혔다. 라이칭더는 '총통에 당선되면 한국과의 관계를 어떻게 할 것인가'를 묻는 본지 질문에 "대만과 한국은 민주·자유·인권 가치를 공유하고 있다. 인도·태평양 지역에서 중요한 친이고 둘 다 전체주의의 위협에 직면하고 있다"면서 "내가 (총통에) 당선되면 한국과의 관계를 강화할 것"이라고 했다. 이어 "관광 교류, 경제·무역 분야에서 한국과 협력 확대하고, 기후 변화에 공동 대응하겠다"면서 "신 공급망 형성을 위한 안

---

15) iNEWS, "Lai Qingde published an article in the US media: the four pillars of peace political views", 2024.2.20., https://inf.news/en/taiwan/40010ccf97f0210bd2d6b5ef7fbce947.html

보 대화를 열고, 인도 태평양 보호를 위해 협력하려고 한다"고 했다. 그러면서 "한국과 대만은 국제사회에 더 많이 기여할 기회가 있다"고 평가했다. 라이칭더의 신공급망 언급은 민주 진영이 주도하는 반도체 공급망에서 한국과 대만이 각각 메모리 반도체와 파운드리의 최강자인 상황을 염두에 둔 것으로 보인다.16)

대만은 법적 지위로 인해 국제조약이나 국제기구에 가입하는 것이 어렵지만 중국이 가입하지 않은 IPEF 또는 무역투자촉진 프레임워크(Trade and Investment Promotion Framework, TIPE)를 통해 경제체제를 활용할 필요가 있다. TIPF는 우리나라가 추진하는 新통상협력 이니셔티브로서 시장 개방에 대한 논의에 앞서 공급망, 무역·투자, 기술, 에너지 분야의 맞춤형 협력을 강화하기 위해 한국과 대만 간에 추진할 수 있을 것이다.

3. 수출통제 협력

2023년 8월 캠프 데이비드(Camp David) 한미일 정상회의에서 3국은 경제안보 분야 협력을 강화시키기로 했다. 2024년 2월 한미일 수출통제 당국이 러시아에 대한 전략물자 수출통제 협력 강화를 위한 첫 3국 회의를 일본 도쿄에서 가졌다. 산업통상자원부에 따르면,17) 우리나라 산업통상자원부 무역안보국은 미국(상무부 산업안보국)·일본(경제산업성)과 함께 도쿄 주재 미국대사관에서 '한미일 3국 통상·산업 수출통제 대화 회의'를 가동했다.

이 대화는 캠프 데이비드 한미일 3국 정상회의에서 합의함에 따라 개최된

---

16) 조선일보, "라이칭더 '당선 팬 대만/한국 관계 강화...新공급망 논의할 것'", 2024.1.12., https://www.chosun.com/international/china/2024/01/12/325Q6T6A3RGIZPQPDP52DB7VOI/

17) 산업통상자원부(2024), "한·미·일 간 수출통제 협력 강화를 위한 첫 회의 열려", 보도자료(2월 22일)

것으로, 3국의 수출통제 조화 및 협력 강화를 다지기 위해 열린 첫 번째 회의이다. 정부 보도자료에 따르면, 우리나라 수출통제 책임자는 "공급망 불안정과 수출통제 등 변화하는 글로벌 환경에 대응하기 위해서는 한미일 3국 협력이 중요하며, 이중용도 품목의 전용을 방지하고 국제평화를 유지하기 위해 아세안 국가들과의 수출통제 협력을 강화해야 한다"라고 밝혔다.

미국은 한국과 일본의 협력을 바탕으로 그동안 자국이 추진해 온 수출통제제도를 중국을 제외한 모든 동아시아 국가가 채택하도록 해 나갈 것임을 읽을 수 있다. 미국은 중국이 결여하거나 제도적으로 뒷받침이 어려운 민주주의, 인권, 평화 등의 가치를 가진 동맹국과의 연대를 추진할 것이다. 한국과 대만은 미국의 수출통제 연대방안을 추진하는 것이야말로 양국의 신공급망 구축과 연계하여 경제안보를 달성하게 될 것이다.

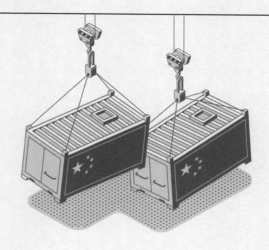

CHAPTER 07

중국식 경제강압과 수출통제 활용

중국식 경제강압과 수출통제 활용[1]

I 중국의 비자발급 중단

경제강압은 어떤 국가가 정치적 목적을 달성하기 위하여 경제적 수단을 활용하는 것을 말한다(European Parliament, 2022). 과거에는 국가 간의 무역 거래 증진과 상호의존성이 번영과 평화의 원천으로 간주되었지만,[2] 아이러니하게도 지금은 국가 간의 무역 거래 증진과 상호의존성이 오히려 경제 강압의 원인으로 작용하고 있다. 국가 입장에서는 직접적인 살상이나 재산상의 파괴를 수반하지 않는 경제 강압이 군사적 강압 대안으로 활용될 수 있다. 경제 강압은 또한 강압으로 인한 경제적 손실의 위험이 상대국가의 행동을 변화시키거나 자국의 요구에 대화·타협·준수를 이끌어낼 수 있어 정치·외교적으로도 선호된다.

중국은 2023년 1월 10일 한국의 대중국 검역 강화에 따른 경제 강압 조치

---

1) 이 장은 류예리, "중국식 경제 강압에 대한 대응방안 연구: 경제안보 시각에서", 국제통상연구, 제28권 제1호, 2023을 기반으로 작성하였다.
2) 임마누엘 칸트의 영구평화론(Perpetual Peace)과 이의 확장판인 민주주의 평화론(Democratic Peace)에 따르면, 중국이 개방과 개혁을 통해 시장질서를 수용하고, 국제사회에 동참하여, 서구의 가치에 기반한 이념과 문화 등에 동화될 수 있으면 민주화가 가능하다는 논리임.

로서 단기 비자발급을 중단했다.[3] 중국 정부가 코로나 상황을 통제하지 못하여 수억 명이 감염된 것으로 추정되는 상황에서 중국인들이 대거 해외여행에 나서자 세계 16개 국가가 중국발 입국자에 대해 코로나 검역 조치를 발동했다.[4] 인접국인 한국은 중국 입국자 자체가 다른 국가들보다 많기에 국내 방역여건을 고려하여 중국발 입국자에 대한 코로나 검역절차를 강화할 수밖에 없었다. 이에 중국은 우리 정부의 방침을 차별적 조치로 비판하며 비자발급 중단과 경유 비자를 불허하기로 하였다.[5]

우리 정부의 코로나 19와 같은 감염병에 대한 검역 조치는 WTO 위생 및 식물위생조치의 적용에 관한 협정(SPS)에 따라 국제적으로 인정되는 주권국가의 고유한 권리이다. 감염병의 특성상 정부의 신속한 조치가 필요하며, 이러한 정부의 조치는 국민의 생명과 안전에 관한 것으로 그 어떤 조치보다 우선적이어야 한다. 그러나 중국은 이러한 검역주권 사항에 대해서도 차별적인 조치로 간주하면서 경제 강압 카드를 사용한 것이다. 본 장(章)에서는 중국식 경제 강압에 대한 대응방안 마련이 곧 경제안보를 강화하는 길이라는 판단하에 중국의 경제 강압 조치와 수출통제의 관련성 및 이에 대한 대응방안을 경제안보 시각에서 살펴보고자 한다.

지난 10년 중국의 경제 강압 사례는 많고, 이에 대한 각국의 대응 유형도 다양하다. 어떤 국가는 중국의 조치에 저자세를 보이며 즉시 항복하였지만, 반

---

3) 여행신문, "중국도 한국인 단기 비자 중단…상용 수요 타격", 2023.1.11., https://www.traveltimes.co.kr/news/articleView.html?idxno=403824(검색일: 2023.1.26.)

4) 보건복지부, "중국 등 해외입국자 대상 방역 조치 철저", 2023.1.6., https://www.mohw.go.kr/react/al/sal0301vw.jsp?PAR_MENU_ID=04&MENU_ID=0403&page=1&CONT_SEQ=374479(검색일: 2023.1.26.)

5) 중국 입국자가 공항 검역단계에서 무단이탈하여 며칠 후 검거된 이후 우리 당국이 중국 입국자에게 입국자 분류를 위해 노란 마크를 부착하도록 한 것이 중국 당국 및 네티즌의 반한 감정 선동 등에 악용되었음. 공항 입국 통로 통제 등으로 입국자를 관리할 수 있는데, 굳이 감정을 자극하는 조치를 채택한 것에 대한 조사와 재발 방지 대책이 필요할 것임.

대로 중국에 정면으로 맞선 국가들도 있다. 이외에도 즉각적으로 맞대응하지는 않았지만, 기술 개발과 다변화 조치를 통해 중국의 경제 압박에서 벗어난 국가들도 적지 않다. 이처럼 중국의 경제 강압에 대한 국가의 대응 전략 및 방안은 다양하게 나타난다.

Ⅱ 중국의 경제 강압 현황

MERICS 보고서[7])에 따르면, 2010년부터 2022년까지 중국의 경제 강압 사

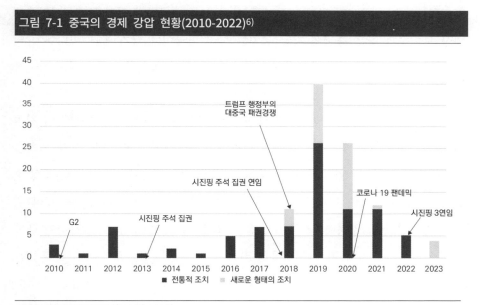

그림 7-1 중국의 경제 강압 현황(2010-2022)[6])

출처: MERICS 보고서 수정·보완

6) Ibid, p. 4. 동 그림에서 전통적 조치란 전통적 주제(국가 주권, 국가안보, 영토분쟁)에 대한 경제 강압 조치를, 새로운 형태의 조치란 새로운 주제(국제 이미지, 중국 기업 대우, 반중 정책)에 대한 경제 강압 조치를 각각 의미함

7) Adachi A., Brown A., Zenglein M.J., Fasten your seatbelts: How to manage China's economic coercion, Mercator Institute for China Studies(MERICS), 2022, p. 5. Australian Strategic Policy Institute(ASPI)가 수행한 연구에 따르면, 2010년과 2020년 사이 중국의 강압 조치는 152건이며, 이 중 대부분이 2018년 이후에 발생한 것이라 함.

례는 총 123건 발생하였다. 〈그림 7-1〉을 보면, 2010년 중국이 일본을 제치고 처음으로 세계 2위의 경제 대국이 되면서 경제 강압 조치가 채택되기 시작한다. 그리고 시진핑 주석의 연임이 확정되고, 미중 갈등이 본격화된 2018년 이후 2년간 중국의 경제 강압 조치가 현저히 증가하였다. 그러나 2020년 코로나19 팬데믹이 선언되면서 중국 책임론이 제기됨에 따라 중국이 국제적으로 수세로 몰리면서 2021년 중국의 경제 강압 조치 발동은 급격히 줄어들었다.

중국의 경제 강압 조치는 비공식적으로 채택되는 경향이 있으며, 기업들도 중국 당국과 일반 대중의 보복이 두려워 경제 강압 내용을 공개하지 않는 경향이 있다. 그러므로 중국의 경제 강압 조치는 알려진 것보다 알려지지 않은 것이 훨씬 더 많을 것이라는 것이 전문가들의 견해이다. 예컨대 인기 품목·서비스에 대한 보이콧과 같은 중국의 강압 조치는 중국 당국이나 국가 통제 미디어에 의해 간접적으로 선동되기 때문에 기업들은 경제 강압 조치를 당했음에도 불구하고 공개되는 것을 기피하는 경향이 있다.[8]

중국의 경제 강압 사례를 살펴보면, 중국 정부는 경제 강압 대상국의 지리적 위치 또는 경제 및 국력 수준에 상관없이 무차별적으로 경제 강압 조치를 채택하였음을 알 수 있다. 예컨대 중국은 몽골, 필리핀, 베트남 등 개발도상국, 일본, 한국 등 주변 경제선진국, 호주, 캐나다처럼 중국과 지리적으로 멀리 위치한 경제선진국, 심지어 노르웨이, 영국, 프랑스, 독일 등 유럽 국가들에 대해서도 경제 강압 조치 카드를 사용하였다.

중국이 이처럼 무차별적 경제 강압 조치를 채택할 수 있는 이유는 중국이 호주의 대세계 무역에서 31.4%, 일본 22.9%, 한국 23.9%, 미국 14.8%를 각각 차지하는 반면, 중국의 대세계 무역에서 이들 국가가 차지하는 비중은 3.6%, 6.1%, 6% 및 12.5%로 매우 낮기 때문이다(이민규, 2020). 즉 중국의 대세계 무역에서 이들 국가가 차지하는 비중이 절대적으로 낮은 구조를 중국은 전략적으로

---

8) European Parliament, "China's economic coercion: Evolution, characteristics and countermeasures", European Parliamentary Research Service(EPRS), 2022, p. 1.

활용할 수 있는 것이다. 다시 말해서 중국은 이들 국가의 대세계 무역에서 중국이 차지하는 비중이 절대적으로 높기 때문에 상대국이 맞대응하지 않을 것이라는 확신으로 경제 강압 조치를 자행할 수 있는 것이다. 중국은 무역 의존성을 무기화한 것이다.

특히 주목할 점은 2018년 시진핑 주석이 2연임하면서 중국의 경제 강압 조치가 현저히 증가하였다는 사실이다. 〈그림 7-1〉을 보면, 이 시점에 새로운 형태, 즉 새로운 주제에 대한 중국의 강압 조치가 증가하였다. 시진핑이 집권하면서 중국은 중국의 꿈(中國夢)으로 표현되는 중화민족의 부흥을 국가의 목표로 수립하였다. 중국몽을 달성하기 위해 시진핑 주석을 중심으로 하는 5세대 지도부는 이전 후진타오 집권 시기보다 더욱 공세적인 강대국화를 추진하기 시작하였다. 이는 국제사회와 마찰을 빚게 되었고, 중국은 이유 여하를 막론하고 자국에게 불리한 조치를 발동한 국가에게 경제 강압으로 대응했다.[9]

중국 정부는 강대국화를 추진하는 과정에서 지속적으로 국가핵심이익(core national interests)을 개념화하고, 공식화함으로써 레드라인과 마지노선을 설정했다. 이는 다른 국가에게 중국이 설정한 마지노선을 준수해 줄 것을 요구하는 것이고, 그렇지 않을 경우에는 필요한 조치를 취하겠다는 일종의 선포이다. 실제로 중국은 군사적 투쟁을 정치, 경제, 외교적 투쟁과 긴밀히 연계하여 국가핵심이익을 수호한다는 입장이다.[10] 최후 수단인 무력 사용에 앞서 경제 강압 조치가 동원되었는데 2022년 시진핑 3연임부터는 수출통제조치가 경제 강압의 주요 수단으로 활용되고 있다.

문제는 중국의 경제 강압 조치가 시진핑 집권 3기에도 지속적으로 발생하거나 수출통제조치를 통해 그 강도가 심해질 경우에 우리나라의 대응 전략과 방안이 수립되어 있느냐는 것이다. 우리나라는 2000년 마늘 파동과 2016년 고

---

9) 이민규, "중국 경제보복 유럽 사례 비교연구", 중국지식네트워크, Vol. 15, No. 15, 2020, 230면.
10) 상동.

고도미사일방어체계(THAAD) 배치 결정으로 중국의 경제 강압 조치를 직접 경험한 바 있다. 앞으로도 얼마나 더 많은 경제 강압 조치에 대해 불안해야 할지 예측조차 어려운 시기에 중국식 경제 강압에 대한 대응방안을 수립하기 위해서는 먼저 중국의 경제 강압 유형과 사례를 유형화하여 상대국들이 대응한 방안과 전략을 살펴보고, 우리나라 상황에 맞는 대응방안 행동지침(매뉴얼)을 정립해야 할 것이다.

ⅢⅢ 중국식 경제강압과 수출통제조치

1. 기존의 경제강압 유형

과거 사례를 보면, 국제금융을 장악한 선진국은 주로 금융 분야 위주의 강압 조치를 발동했다.[11] 그러나 글로벌 공급망과 세계 2위 내수시장을 가진 중국은 비금융분야 위주의 경제 강압 조치를 활용하고 있다는 특징을 갖고 있다. 미·중 패권갈등이 불거진 이후 유럽의회(2022), MERICS(2022), ASPI(2020) 등이 경제 강압 조치의 유형을 구분했는데, 사실상 중국의 경제 강압 조치를 분석하여 분류한 것이다.

표 7-1 중국의 경제강압 유형

구분	유럽의회(2022)	MERICS(2022)	ASPI(2020)	류예리(2024)	
1	무역 제한	인기 품목/서비스 보이콧	자의적 구금 또는 처형	비수출 통제 조치	자의적 구금 또는 처형
2	인기 품목/서비스	행정 차별	공무 여행 제한		공무 여행 제한

---

11) 참고로 Kirshner(1997)는 중국의 경제 강압 조치를 금융 분야 위주로 1. 대외원조, 2. 통화력(Monetary power), 환율 개입, 3. 금융력(Financial power, 자본 및 투자 통제, 자산 압류), 4. 무역 조치로 구분하고 있음. 그러나 본고에서는 비금융분야의 경제 강압 조치 위주로 살펴보고자 함.

구분	유럽의회(2022)	MERICS(2022)	ASPI(2020)	류예리(2024)
	보이콧			
3	관광 제한	공허한 위협	투자 제한	투자 제한
4	행정적 차별: 금지, 벌금 또는 규제 문제	법적 방어적 무역 조치	무역 제한	무역 제한 (통관지연)
5	공허한 위협	무역 제한	관광 제한	관광 제한
6	투자 제한	여행 제한	인기 품목/서비스 보이콧	인기 품목/서비스 보이콧
7			특정 기업 압박	특정 기업 압박
8			공허한 위협	공허한 위협
9				수출통제조치

출처: 필자 정리

〈표 7-1〉에서 보는 바와 같이 유럽의회(2022)는 중국의 경제 강압 유형을 6가지로, MERICS(2022)[12]도 6가지로, ASPI(2020)[13]은 8가지로 각각 구분하고 있다. 그러나 본서는 중국의 경제 강압 유형을 크게 비수출통제조치와 수출통제조치의 유형으로 구분하고 기존의 중국의 강압조치는 모두 비수출통제조치로 포함시켰다. 2010년에서 2020년 사이 이들 중국의 경제 강압 유형 중에서 중국이 가장 많이 활용한 유형은 국가 발행 위협(34건), 무역 제한(19건) 및 관광 제한(17건) 등이다.

공허한 위협은 가장 중국적인 경제 강압 조치 유형으로 막연한 경고의 성격을 갖는다. 즉 실제 후속 조치가 없는 불특정한 결과에 대한 막연한 경고는 외국 정부와 기업에게 불안을 조성하여 중국 정부의 의도를 따르도록 하는 효과를 발생시킨다. 어떤 국가도 자국 또는 자국의 기업에 위해를 가하는 상대국가에 대해 입장표명을 할 수 있다. 하지만, 중국의 위협은 다른 국가와는 달리 중국이 공식적인 조치 발동 전에 불만 사항을 발표하는 것만으로도 충분한 효

---

12) Aya Adachi·Alexander·Brown Max J. Zenglein, supra note, pp. 6-7.
13) Fergus Hanson·Emilia Curry and Tracy Beattie, "The Chinese Communist Party's coercive diplomacy", Australian Strategic Policy Institute, Policy Brief Report No. 36/2020, pp. 7-10.

과를 누리는 경우가 적지 않다. 중국 당국이 공식적으로 언급하면, 1억 명에 육박하는 중국공산당 당원이 조직적으로 움직이고, SNS 등을 통해 전 세계에 전파하게 되어 파급력을 확대시킨다.

대표적인 사례로 영국 정부가 5G 이동통신망에서 중국의 통신장비업체인 화웨이 장비를 배제하기로 결정하자 중국 외교부는 "필요한 모든 수단을 동원해 중국 기업의 권익을 보호하겠다"면서 보복 가능성을 시사했다. 그리고 중국 공산당 기관지인 인민일보 자매지 환구시보도 당일 '영국의 화웨이 퇴출에 중국은 가만히 있을 수 없다'는 제하의 사설에서 "중국은 영국에 대해 필요한 보복을 해야 한다"면서 "이러한 보복은 공개적이고 영국을 아프게 하는 것이어야 한다"고 했다. 이처럼 중국은 외국 정부와 기업의 두려움과 불확실성을 이용하여 압력을 가하는 것이다.14)

이처럼 중국식 경제 강압 조치는 중국의 정치체제와 중국식 '민관군 융합경제'에 기인하고 있다. 사드 사태에서 봤듯이, 중국 당국이 공식적으로는 어떤 조치도 취하지 않았지만, 중국 소비자들이 현지 롯데마트 매장을 장기간 보이콧 했고, 결국 롯데는 중국에서 수천억 달러 손실을 무릅쓰고 완전철수했다.15) 중국의 이러한 보복 방식은 중국 특색 사회주의 시장경제의 한 단면이고, 다른 국가에서는 상상조차 하기 어렵다. 중국에 대한 국제사회의 의존도가 높고, 정치 체제적 특성으로 중국이 조직적으로 움직이는 현재와 같은 상황에서 개별 국가가 중국 조치에 맞대응하기 어렵고, 중국은 이러한 정치적 구조를 적극적으로 활용하고 있다.

---

14) 경향신문, "중국, 英 화웨이 퇴출에 '필요한 모든 수단 동원하겠다'", 2020.7.15., https://m.khan.co.kr/world/china/article/202007151905001#c2b(검색일: 2023.1.30.). 중국 외교관, 대사관, 정부 부처는 외국 정부를 위협하는 공식 성명을 발표함으로써 강압적 외교를 시도함. 대부분의 국가 위협에는 '대응', '보복', '고통', '추가 대응권'과 같은 모호한 용어가 포함되며, 국가 위협의 또 다른 출처는 국영 미디어임. 환구시보, 차이나 데일리, 신화통신 및 기타 매체는 중국공산당이 표적 국가와 국제사회를 겨냥한 선정적인 영어 논평을 통해 경고를 발간하는 대변자로 자주 사용됨.

15) 포브스, "중국에서 완전 철수한 롯데마트 스토리", 2018.5.23., https://jmagazine.joins.com/forbes/view/321483(검색일: 2023.1.28.)

이에 Victor Cha는 동맹국이 단합하여 집단적으로 대응체계를 구축할 것을 제안하고 있다. Victor Cha는 개별 국가가 중국에 대응할 수는 없지만, 동맹국 단체로는 얼마든지 중국에게 타격을 줄 수 있다는 것이다. 중국도 아쉬운 기술이 적지 않고, 중국에 대한 수출금지는 중국 경제에도 '목조임(choke point)'이 될 수 있다. 중국 공급망에서 70% 이상을 제공하는 품목의 수는 일본이 가장 많은 114개이고, 다음으로 미국 94, 독일 66, 한국 25개 순이다. 중국도 자기들이 필요한 것은 제재하지 않는다.[16]

2. 새로운 경제강압 유형

지금까지 수많은 국가에 대한 수백 건에 달하는 중국의 경제강압은 비수출통제조치가 주로 사용되었다. 그러나 최근에는 흑연의 사례처럼 미국의 탈중국 조치에 대응하는 중국 당국의 공식적인 수출통제조치가 새로운 경제강압의 유형으로 사용되고 있다.

(1) 흑연의 용도와 중요성

흑연은 우리 주변에서 흔하게 접하는 품목이다. 대표적으로 연필심을 들 수 있다. 탄소의 결정체로 검정색을 띠며, 15세기 영국에서 발견되어 목장 경계 등을 표시하는데 사용되었다. 영어로는 Graphite(그래파이트)로 표기한다. 흑연은 크게 광산에서 채취한 천연흑연과 코크스를 이용한 공정에서 나오는 부산물을 이용한 인조흑연으로 구분된다. 가공처리를 거친 흑연은 전기차의 배터리 음극재(anodes)의 소재로 사용된다.

미국의 대표적인 경제안보 법률인 IRA는 까다로운 요건하에 전기차에 대해 보조금(세제 혜택)을 제공하고 있다. 우려 국가에서 생산된 리튬, 흑연 등 핵심소재를 배터리에 사용하지 말아야 한다는 것도 주요 요건 중의 하나이다. 중

---

16) Cha, Victor, "How to Stop Chinese Coercion: The Case for Collective Resilience", Foreign Affairs, January/February 2023, https://www.foreignaffairs.com/issues/2023/102/1.

그림 7-2 전기차용 배터리 흑연 수요와 공급 추이

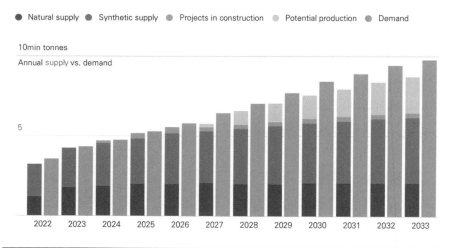

출처: 한코트라(2023) 재인용

국은 대부분 핵심소재의 세계 최대 생산국이지만, 특히 흑연의 공급망에 대한 지배력은 압도적이다. 미국이 IRA를 통해 중국 전기차 산업의 부상을 견제하자, 2023년 하반기부터 중국은 IRA 요건 충족에 가장 어려울 수 있는 흑연에 대한 수출통제조치를 실시했다.

코트라 자료에 따르면,17) 흑연은 전기차용 배터리의 구성요소 중 하나인 음극재 생산에 없어서는 안 되는 광물이다. 실제 배터리에 투입되는 광물 중 가장 중량을 큰 품목이다. 전통적으로 흑연은 제철 산업에 사용되어 왔지만, 최근 전기차 생산 급증에 따라 흑연 수요도 급증하고 있다. 〈그림 7-2〉에서 보는 것처럼 2023년 처음으로 배터리 흑연이 세계 흑연 매출의 절반을 넘었다. 전기차 한 대에 평균 흑연 50~100kg이 필요하다. 이는 배터리당 투입되는 리튬량의 두 배에 해당한다. 전문기관의 전망에 따르면, 2025년부터 흑연 수요가 공급을 초과하고, 2030년까지 세계적으로 78만 톤이 부족할 것으로 나타났다. 흑연에

---

17) 코트라, "심화되는 흑연 공급 부족 속, 전기차 기업들의 공급망 다변화 노력 이어져", 워싱턴무역관, 2023.7 4.

대한 수요를 충족하려면 2030년도까지 120억 달러가 투자되어야 하고, 수십개의 신규 광산 개발이 필요하다.

천연흑연 광산은 주로 탄자니아, 모잠비크, 칠레, 캐나다, 호주, 멕시코, 마다가스카르 등에 산재되어 있으나, 중국(기업)이 전세계 흑연 채굴의 80%를 담당하고 있다. 또한 흑연 가공 공정의 70%가 중국에서 이루어지고 있다. 특히 중국은 흑연 음극재 전체 공급망 및 다운스트림을 장악하고 있다. 채굴과 가공정제 공정을 함께 고려하면 전세계 음극재용 흑연의 90% 이상은 중국이 장악하고 있다. 2022년도에 미국기업들은 1억 4,000만 달러의 흑연 7만 2,000톤을 소비했다. 미국에서 흑연이 전혀 생산되지 않고, 주로 중국(수입 비중 33%) 및 멕시코(18%)로부터 수입하고 있다. 하지만, 천연흑연에 대한 우리나라의 중국 의존도는 94%(2022년)로, 이는 배터리용 광물인 니켈(65%)과 리튬(59%)의 중국 의존도보다 훨씬 높다.

(2) 흑연 임시수출통제의 경제안보적 의미

중국산 흑연에 대한 높은 의존도는 미국의 보조금 혜택을 받지 못하도록 하는 요인이 되고 있다. 이는 핵심광물에 대한 중국 의존도를 낮추기 위한 미국의 정책 때문이다. IRA 상의 전기차용 배터리당 3,500달러 세액 공제를 받기 위해서는 핵심광물 요건(critical material requirement)을 충족시켜야 한다. 즉, 배터리에 들어간 리튬·망간·니켈·흑연·코발트 등 핵심광물의 최소 40%를 미국이나 미국의 체결한 FTA 파트너국가로부터 조달되어야 한다. 그러나 2026년부터는 미국이 해외우려집단(Foreign Entity of Concern, 이하 'FEOC')으로 분류된 국가나 기업으로부터 조달된 핵심광물이 포함하지 않은 배터리에 한해 세액 공제 혜택을 받을 수 있다.[18]

---

18) 미 당국이 전기차의 광물공급망시스템을 구축하는 2026년 전까지는 배터리에 투입되는 광물의 미소량(부가가치 기준 최대 2%)을 허용하지만, 이후에는 이마저 허용되지 않아야 IRA 혜택을 볼 수 있다.

FEOC는 미국이 지정한 우려국가(북한, 중국, 러시아, 이란)의 정부가 소유 혹은 통제하거나 실질적으로 영향을 미치는 기업을 말한다. 따라서 중국에서 흑연을 생산하는 기업은 FEOC로 분류될 가능성이 높다. 세액 공제를 받기 위해서는 전기차 업체들은 중국산 흑연을 사용하지 말아야 한다. 우리나라의 천연흑연 중국 의존도는 94%에 달한다. 국내 업계가 리튬·니켈·코발트 등 배터리 핵심광물은 공급망 다변화를 추진하고 있지만 천연흑연은 대체국을 찾지 못하고 있다. 국내 배터리 업계의 최대 관심사가 흑연에 대한 IRA 세부요건인 것도 이 때문이다.

(3) 수출통제를 통한 핵심광물 무기화

2023년 하반기 중국 정부가 대한국 흑연 수출에 개입하고 있다는 사실이 여러 정황에서 확인되었고, 한국의 반도체 업계는 중국 조치의 장기화를 우려했다. 이에 중국 정부는 "수출통제는 [수출]금지가 아니다"라는 점을 밝혔다.

관련 기사 1

허야둥 중국 상무부 대변인은 12월 18일 브리핑에서 "중국이 한국 주요 배터리 업체에 대한 구상 흑연 소재와 흑연 음극재 완제품 신청을 승인해 적지 않은 한국 기업의 환영을 받았고, 그들의 걱정을 사라지게 했다." "특정 흑연 품목에 대한 수출 통제는 국제적으로 통용되는 방식으로, 국가 안보를 더 잘 수호하고 비확산 등 국제 의무를 이행하기 위해 상무부는 흑연 수출 통제 정책을 개선·조정해 2023년 12월 1일부터 정식 시행했다"며 "중국의 흑연 품목 수출 통제가 수출 금지가 아니라는 점을 강조하고 싶다"고 말했다. 그는 "상무부는 여러 기업의 허가 신청을 잇달아 접수한 뒤 법에 따른 심의를 거쳐 규정에 부합하는 수출 신청은 이미 승인했고, 이와 관련된 기업들은 이중용도 물자 수출 허가증을 받았다"고 설명했다.

출처: 연합뉴스[19]

---

19) 연합뉴스, "韓배터리기업에 '흑연 수출' 허가한 중국 '금지 아니라 통제'", 2023.12.18.,

중국 수출통제 주관부서인 상무부 대변인이 "수출통제는 금지가 아니다"라고 언급한 것은 수출통제를 대외정책에서의 전략으로, 앞으로 경제강압 수단으로 사용할 것임을 시사하는 것이다. 전략물자 전반이 적용대상이 될 수 있겠지만, 현재로서는 미국 공급망 구축 및 경제안보 정책에서 필수적인 핵심광물에 대한 수출통제가 국제적 관심사항이 될 것이다. 중국은 군사 용도로의 전용을 방지해야 한다면 2023년 12월부터 전기차 배터리 음극재용 고순도 천연흑연(구상흑연) 등을 수출통제 대상으로 설정했다. 원래 자유롭게 수출되던 배터리용 구상흑연을 수입하려면 중국 당국에게 수출 신청서를 건별로 제출하고 심사·허가를 받아야 한다.

심사·허가 과정에서 중국은 수입국의 대외정책, 중국과의 관계, 정치경제적 이해관계 등을 종합적으로 고려할 것이다. 전기차를 생산하려는 국가는 중국산 흑연을 수입할 수밖에 없다는 점은 중국이 경제강압 조치를 결정할 수 있는 환경을 제공하게 된다. 2024년 들어 중국산 흑연 수출 실적은 국가에 따라 차이를 보이고 있다. 미국과 일본에 대한 수출은 크게 줄었지만, 국내 기업들은 이전과 유사한 물량을 수입하고 있다. 이에 대한 이유를 추정하는 것은 어렵지 않다. 일본은 네덜란드와 함께 중국에 대한 첨단반도체 장비 수출을 금지하는 미국의 수출통제 조치에 참여하기로 했다. 미국의 수출통제에 중국은 수출통제로 맞대응하고 있다. '이에는 이, 눈에는 눈' 전략이 미중간 수출통제에 적용되고 있다.

앞으로 흑연은 IRA의 전기차와 배터리 관련 규정 시행에 핵심사항으로 작용할 것이다. 배터리에 필요한 구상흑연을 만드는 기술은 그다지 어렵지 않으나 환경문제로 중국 외 다른 국가가 대량생산하기에는 한계가 있다. 이로 인해 중국산을 사용하지 않고는 IRA 세부 규정을 충족시킬 수 없다. 미국 내 정치권 및 여론으로 보면, 이러한 IRA의 문제점에도 불구하고 미국이 흑연에 대한 규

https://www.yna.co.kr/view/AKR20240118151900083

정을 완화시키지 않을 것이다. 중국산 흑연 없이는 전기차용 배터리를 생산할 수 없는 상황이 지속되는 한 중국은 흑연 수출통제를 경제강압 수단으로 사용할 것이다.

최근 국내에서는 포스코 계열사가 인조흑연 생산력 증가에 박차를 가하고 있지만, 국내 수요와 미국 등지에 설립한 생산설비에서 필요한 부분을 충족시키기에는 턱없이 부족하다. 흑연 대체 물질이나 기술이 개발되지 않고, 미중 갈등이 지속되면, 주로 중국에서만 전기차가 생산되고 있고, 세계 전기차 시장 판도가 중국 위주로 재편될 것이다. 중국은 미국과의 관계 설정을 위한 경제강압 외에 향후 전기차 시장 판도를 종합적으로 고려하여 흑연에 대한 수출통제 수준을 결정할 것이다. 이쯤 되면 수출통제는 산업정책 영역으로까지 확산된 것이다.

3. 중국식 경제 강압의 특징

〈표 7-1〉에 제시된 경제 강압 조치의 일부는 선진국들도 발동했거나 발동할 가능성도 있지만, 대부분은 중국이기 때문에 가능한 조치들이다. 중국공산당은 자국에 비판적인 단체나 기업을 추적해 강압적인 조치를 채택하는 경우가 많다. 즉 중국은 엄청난 손실을 입힐 수 있는 국가를 선택하거나 확실한 취약점을 찾아 본보이기식 강압 조치를 채택하는데, 중국의 경제 강압 조치는 다음과 같은 특징을 갖는다.

첫째, 중국의 경제 강압 조치는 시간이 지남에 따라 더욱 정교해졌고, 다양한 방법을 복합적으로 사용하여 피해를 증폭시키는 경우가 많다.[20] 〈그림 7-3〉에 따르면, 중국의 경제 강압 대상은 정부와 기업을 가리지 않고, 대상에 따라 다른 방법을 사용한다. 정부에 대해서는 주로 무역 제한을, 기업에 대해서는 일반인들에게 인기 있는 상품이나 서비스를 보이콧하는 방식을 사용한다.

---

20) European Parliament, supra note 137, p. 1.

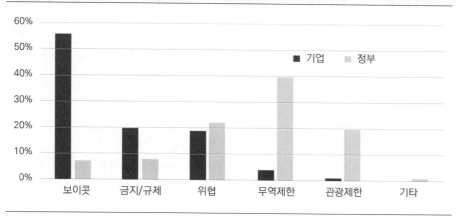

그림 7-3 중국 경제 강압 유형(2010-2022)

출처: MERICS(2022)

가장 빈번하게 보이콧 표적이 되는 분야는 상징성을 가진 산업, 농산물, 소비재 및 서비스이다.

둘째, 중국의 경제 강압 조치는 주로 비공식적인 경로를 사용한다는 것이다. 중국 정부는 중국 정부가 채택한 경제 강압 조치와 상대국가가 인식한 이익 사이에 관련성을 인정하지 않는다. 이는 중국 정부 및 관련 기관이 개입하지 않도록 함으로써 WTO, FTA와 같은 국가 간 통상분쟁으로 비화되는 것을 방지하려는 전략으로 보인다.

셋째, 중국의 경제 강압 조치 채택 효과 측면에서 영향을 받는 기업과 산업에 단기적으로는 상당한 성과를 거두었지만, 중국에 대한 대상 국가의 입장을 바꾸는 데는 실패하였으며, 대부분의 경우 대상 국가가 정책을 재정립하는 데는 크게 영향을 미치지 못했다.

넷째, 중국이 전략적으로 육성하려고 하는 산업, 예컨대 반도체, 첨단 로봇, 항공기 부품 등에 대해서는 타격을 주지 않는 경향이 뚜렷하다. 중국이 기술협력을 해야 하는 분야이므로 경제 강압 대상에서 제외한 것이다. 따라서 우리나라 기업이 중국의 경제 강압 조치로부터 피해를 막을 수 있는 가장 좋은 방안은 중국이 전략적으로 육성하려고 하는 산업에 진출하는 것이다.

다섯째, 중국공산당은 국가 핵심이익 보호 추구에 비례하여 조치를 발동한다고 하지만, 서구 국가보다는 동아시아 국가에 단호한 편이다. 이로 인해 동아시아 국가들은 중국발 강압 조치 위험 수준이 높다. 특히 일본, 한국, 대만은 지리적 근접성, 경제적 상호의존성, 지정학적 요인 등으로 인해 중국의 강압 조치에 많이 노출되어 있다.

그러나 2022년 이후부터 중국의 경제 강압 조치는 「수출통제법」에 의거하여 흑연과 같은 주요 핵심광물에 대한 임시수출통제조치를 통하여 외국 첨단산업기업이 미국의 보조금 혜택을 받지 못하도록 할 것이다. 나아가 경제안보 관련 법령과 「신뢰할 수 없는 실체명단 규정」을 통하여 외국기업이 예측가능하고 안정적인 경영전략을 수립하지 못하는 불안한 법과 제도적 환경을 제공할 것이다.

Ⅳ 중국의 경제 강압에 대한 국가별 대응 유형

중국으로부터 경제 강압을 받은 국가의 대응은 다양하다. 자유와 인권, 민주주의를 외치는 유럽 국가들이 경제적 이해관계 때문에 쉽게 굴복하는 경우가 있는가 하면, 중국에 대해 상응하는 조치를 발동하면서 정면 대결 방침을 사수하는 국가가 있었다. 본 장(章)에서는 중국의 경제 강압에 대한 주요국의 대응 사례를 분석한 포스코경영연구원의 보고서를 재구성하였다. 중국의 경제 강압에 대한 국가들의 대응 방식을 〈그림 7-4〉에 제시된 바와 같이 크게 네 가지 유형으로 분류하였다.

---

21) 박용삼·남대엽, "차이나불링(China Bullying), 대비가 필요하다", 2018.4.19., https://posri.re.kr/ko/board/content/15086(검색일: 2023.1.26.)

그림 7-4 중국의 경제 강압에 대한 국가별 대응 유형[21]

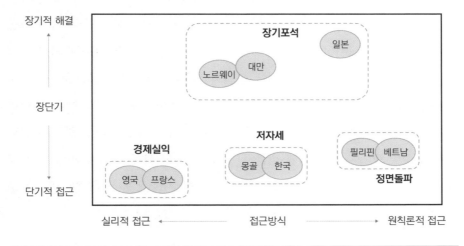

출처: 포스코경영연구원 보고서(2018) 수정·보완

1. 경제 실익 우선형

첫 번째 유형인 '경제 실익 우선형'의 대표적인 사례는 2008년 프랑스 사례와 2012년 영국의 경우이다. 2008년 니콜라 사르코지 전 프랑스 대통령이 달라이 라마를 만났을 때, 중국은 에어버스 150대 구매를 취소했다. 프랑스는 이듬해 "티베트는 명백한 중국의 영토"라는 성명을 발표하여 관계를 회복했다.[22] 당시 영국의 데이비드 캐머런 총리는 중국의 반대를 무시하고 달라이 라마를 접견했다. 그러자 중국은 고속철도, 원자력 발전 등과 관련된 80억 파운드 규모의 투자를 중단하겠다고 위협했다. 이에 영국은 처음엔 강경하게 나왔지만, 경제 실익 앞에서 캐머런 총리는 티베트는 중국의 영토라고 선언하며 항복했다.

---

22) 서울신문, "中 보복당한 국가들 되레 경제체질 향상", 2017.2.28., https://www.seoul.co.kr /news/newsView.php?id=20170301016015(검색일: 2023.1.28.)

2. 저자세형

두 번째 유형은 '저자세형'으로 불가피한 상황을 설명하며 중국 측 양해를 구하는 방식이다. 2016년 몽골은 자국 내 많은 티베트 불교 신자를 의식해 달라이 라마를 초청했다. 중국이 이에 통관세를 부과하고, 전기 공급을 차단하자 몽골은 2020년까지 그를 초청하지 않겠다고 약속하며 즉각 사과했다. 2016년 이후 사드 갈등 때 문재인 정부가 보인 태도 역시 저자세형이다. 중국은 사드 배치 후 한한령(限韓令)과 함께 한국 관광 금지 등의 보복 조치를 취했다. 하지만 문 정부는 맞서기는커녕 사드 추가 배치 배제, MD 체제 불참, 한·미·일 군사동맹 반대라는 이른바 '3불 정책'을 밝히며 무마에 나섰다.

3. 정면돌파형

세 번째 유형은 중국에 정면으로 대응하는 '정면돌파형'이다. 동 유형에는 남중국해에서 중국과 영토분쟁을 이어온 필리핀과 베트남의 사례가 해당한다. 필리핀은 2012년 중국 어선이 분쟁 지역인 스카버러섬에서 조업하자 군함을 보내 단속했다. 중국은 관광 중단과 바나나 수입 금지로 보복에 나섰으나 필리핀은 이에 굴복하지 않고 영토 문제를 국제중재재판소에 제소하여 승소했다(류예리, 2020). 베트남 역시 분쟁지역인 시사군도에서 중국이 석유 탐사를 강행하자 함정을 파견, 양측이 충돌했다. 사태가 악화하면서 베트남 내에서는 격렬한 반중 시위가 일어나 중국 기업들이 피해를 보았다.

4. 장기포석형

네 번째 유형은 우리나라가 가장 주목해야 할 '장기포석형'이다. 장기포석형은 시장의 다각화와 신기술 개발 및 가치를 공유하는 유사입장국가(like-minded country)들과 국제적 협력 등 능동적 경제안보를 추구해야 하는 차원에서 중국의 경제 강압을 장기적으로 극복한 사례이기 때문이다. 중국과 맞붙었던 2010년의 일본, 2016년 대만, 그리고 2018년 호주 사례를 살펴 우리나라가 중국의 경제 강압을 극복하는 데 참고해야 할 것이다.

(1) 일본

2010년 영유권 분쟁지역이던 센카쿠열도 주변에서 조업 중이던 중국 어선을 일본 순시선이 나포했다. 중국은 일본 첨단산업에 필수재인 희토류 수출 중단을 즉각 발표했다. 희토류는 각종 전자 제품의 핵심 원료여서 일본 기업은 심각한 조업 차질을 빚었다. 일본은 일단 구속했던 중국인 선장을 풀어주고 사태를 종결했지만, 2년 뒤 일본은 중국의 희토류 수출 제한 조치가 GATT 제11조 위반이라며 중국을 WTO에 제소하여 승소하였다(류예리, 2012). 이후 장기적으로는 90%에 육박했던 대중 희토류 의존도를 낮추기 위해 호주·베트남·인도 등 수입선 다변화에 시도했다. 더욱 주목할 점은 일본 기업들이 희토류 없는 제품 개발에 힘을 쏟아 희토류 없는 산업용 모터 및 사용량을 절반으로 줄인 자석 등을 제조하는 데 성공했다는 사실이다. 그 결과 일본의 대중 희토류 의존도는 2009년 86%에서 2015년 55%로 급격히 감소하였다.

(2) 대만

중국의 경제 강압 조치 중에서 가장 대표적인 조치 중에 하나가 관광금지이다. 대부분의 국가에서 중국인 여행객이 관광산업의 최대 고객이므로 중국은 전통적 및 새로운 이슈들을 이유로 특정 국가를 관광 금지국으로 지정하여 관광을 중단하게 한다. 2016년 새로 취임한 대만의 차이잉원 총통이 '하나의 중국' 원칙을 반대하며 독립을 강조하자 관광 금지가 내려졌다.[23] 당시 전체 관광객의 40%를 차지했던 중국 본토인들이 발길을 끊자 대만 관광업계는 비상이 걸렸지만, 대만은 항복하는 대신 관광객 다변화에 나섰다. 우선 한국·태국 등

---

23) 한겨레, "대선 앞둔 대만에 여행금지령", 2019.7.31., https://www.hani.co.kr/arti/international/china/904014.html(검색일; 2023..2.2.)

에 비자 면제 특혜를 주고 판촉 행사를 펴는 등 공격적인 유치 작전을 폈다. 특히 동남아 국가에 눈을 돌리는 '신남방정책'을 채택했다. 그 결과 중국 관광객은 16% 줄었지만 2016년 한해 전체 숫자는 전년보다 오히려 2.5%나 증가했다.

(3) 호주

호주는 2010년대 중반부터 태평양 지역에서의 중국 패권주의에 대해 우려의 목소리를 냈다. 그러다 2020년 코로나 사태와 관련, 중국에 대한 국제적 조사를 요구해 시진핑 정권의 분노를 샀다. 이에 중국은 보리·와인·면화·목재·랍스터·구리 등 대중 수출 비중이 20%를 넘는 품목에 대한 금수 조치를 단행했다. 특히 당시 중국은 발전용 수입 석탄의 50%를 호주에서 들여왔으나 이 역시 수입을 중단했다. 그러나 호주 정부는 수입선이 끊어진 랍스터 업자들에게 지원금을 주는 등 피해 최소화에 노력하며 중국의 보복에 굴하지 않았다. 호주에 대한 중국의 경제보복과 관련, 특히 주목해야 할 대목은 두 가지다. 먼저 중국은 금수 조치로 자국의 피해가 클 것 같은 품목은 건드리지 않았다. 철광석이 바로 그런 품목으로 중국 전체 수입의 50%를 호주산이 차지했다. 호주산 철광석을 막으면 중국의 제철 회사는 물론 철을 써야 하는 다른 업체들도 피해를 볼 수밖에 없다. 둘째, 호주산 석탄의 중국행은 막혔으나 이 때문에 새로운 판로가 생겼다는 사실이다. 중국은 호주산 석탄의 공급을 끊으면서 수입선을 러시아와 인도네시아로 돌렸다. 그러자 그간 이들 나라에서 석탄을 구입해 왔던 한국·일본·인도 등이 호주산을 찾게 됐다. 호주로서는 큰 피해를 피할 수 있었던 것이다. 결국 호주에 대한 경제 제재가 실효성이 없다고 판단했기 때문인지 중국은 다시 호주산 석탄을 수입하기로 했다고 2023년 1월 12일 발표했다. 2년간의 경제 갈등에서 호주가 승리한 셈이다.

5. 소결

중국의 경제 강압에 대응한 국가들로부터 우리나라가 배울 점은 다음과 같다. 첫째, 프랑스와 영국 사례에서처럼 대규모의 투자를 앞두고 있다면 중국을 자극할 행위는 주의해야 한다. 그러나 필리핀과 베트남 사례에서처럼 영토분쟁과 관련될 경우에는 정면으로 대응해야 한다. 둘째, 우리나라가 가장 주목해야 할 사례는 일본의 경우처럼 중국에 절대적으로 의존하는 전략자원을 수입다각화를 통하여 경제 강압 조치로 인한 경제리스크를 줄여야 할 것이다. 중국의 여행 제한으로 관광산업이 어려움에 직면했던 대만의 사례에서 우리나라도지금 중국의 관광 제한 조치를 극복하기 위하여 일본과 동남아 관광객을 모집할 수 있는 계기로 삼아야 할 것이다. 최근 중국의 경제 강압 조치에 가장 적극적으로 대응했던 호주의 경우, 수출 다변화와 함께 어려움에 직면한 수산업자등을 정부가 체계적으로 지원했다는 점을 주목할 필요 있다. 즉 중국의 경제 강압 조치가 발동된 경우, 표적이 된 국내 산업을 지원하고 보상하는 체계를 마련해야 한다. 또한 중국은 거시경제 충격을 가하는 보복조치를 취할 수 있으므로이에 대비한 외환보유고를 축적하고 유지할 필요가 있으며, 수출통제조치를 통하여 공급망 교란을 일으키는 피해에 대비하여 국제적 협력 및 국내 거버넌스구축이 필요하다.

V 결론

1. 주체별 대응전략

(1) 정부

우리 정부는 과거 정부가 취했던 '저자세형'이 아닌 완전히 차별화된 '장기포석형'으로 대중국의 경제 강압 조치에 대응해야 한다. 과거 우리 정부는 엄청난 경제피해 앞에서 너무나 쉽게 굴복했던 지난날의 무원칙 대응과 일련의 악순환을 끊어야 한다. 그리고 이러한 고리를 끊기 위해서는 대중국 경제보복에대한 대응 행동지침(매뉴얼)을 정립하여 중국 정부뿐만 아니라 우리 국민에게도 명확히 보여줘야 한다.

첫째, 피해를 예측해야 한다. 중국은 1998년 마늘파동 때부터 경제보복 트라우마를 우리 국민들에게 깊이 심어주었다. 그래서 우리나라는 중국이 무슨 조치를 취하기도 전에 겁부터 먹고 우리 정부가 주권국가로서 당연히 수행해야 할 정책들을 펼치는데도 중국의 눈치를 봐야 했다. 중국은 바로 한국의 예민한 반응, 즉 두려워할 것임을 너무나 잘 알기에 10배 100배로 보복하는 것이다. 따라서 닭을 죽여 원숭이에게 경고를 하는 중국식 살계경후(殺鷄儆猴) 정책, 즉 우리나라를 죽여서 서방국가에게 경고하는 의도를 미리 예측하고 침착하게 대응해야 한다.

둘째, 원칙을 고수해야 한다. 이번 윤석열 정부의 대중국 방역조치는 바로 지난 정부가 과학방역을 하지 못한 것에 대한 참회와 반성으로부터 나온 긴급 처방이다. 만약 중국 정부의 눈치를 보느라 중국인 방역을 느슨하게 했더라면 우리나라는 중국발 변이 바이러스에 대응할 시간도 없이 방역체계가 무너질 수도 있다. 따라서 우리 정부는 국민의 생명과 안전을 위해서라면 상대국이 중국이라 할지라도 그리고 중국의 엄청난 경제보복이 예상되더라도 언제든지 방역주권을 행사할 수 있다는 것을 단호하게 보여줘야 한다. 그리고 우리가 대중국 방역조치를 해제하는 것은 중국의 경제보복이 두려워서가 아니라 방역문제가 해결되어서 해제하는 것임을 명확하게 보여줘야 한다.

셋째, 대내외적으로 협력해야 한다. 중국은 저자세인 국가를 더 무시하는 경향이 있다. 우리나라는 중국 앞에만 서면 작아지는 대중국 경제보복 공포증을 극복해야 한다. 그러기 위해서는 국내적으로 경제안보 차원에서 중국을 제대로 읽어야 하고, 이에 대한 국민적 공감대를 형성해야 한다. 중국이 경제적 강압조치를 남발하는 것 자체가 권위주의 정권임을 스스로 드러내 보이는 것이다. 다른 한편으로는 중국 이외의 다른 국가들과 긴밀히 협력해야 한다. 우리나라에게는 미국, 일본을 포함한 많은 우방국가들과 자유무역협정(FTA)을 체결한 통상 협력 국가들이 있다. 중국에 절대적으로 의존하는 전략자원의 공급을 대체할 새로운 공급망을 찾기 위해 기업과 정부가 함께 노력해야 한다. 아직 미진한 부분이 있지만, 미국이 추진하는 IPEF 공급망 체계에 우리나라는 적극적으로 참여해야 한다. 나아가 중국이 우리나라에 의존할 수밖에 없는 반도체, 배터리 이외의 핵심전략기술을 하루빨리 육성하고 지원해야 한다.

(2) 기업

중국의 강압 조치에 대한 우리 기업의 대응은 공급망 3법[24]에 의거하여 중국 의존 비중을 줄이고, 다각화를 추진하는 것이다. 실제 위험 노출은 더 복잡할 수 있고, 각 기업이 당면할 취약성은 서로 다를 수 있다. 예컨대 중국에게 산업적으로 이해관계가 큰반도체, 배터리 산업의 경우 경제적 강압의 대상이 된 경우는 거의 없다. 미국 견제로 중국도 삼성전자와 SK하이닉스의 반도체에 의존할 수밖에 없다.

친환경 분야 또한 환경을 중시하는 시대적 조류로 인해 다른 첨단전략 분야보다 직접적 제재를 하기는 어려울 것이다. 중국은 2060 탄소중립 정책에 발맞추어 신재생에너지, 그린 모빌리티, 스마트시티, 스마트팜 등 친환경 산업 육성에 나서고 있다. 따라서 정부는 친환경 분야에서 양국에 모두 도움이 되는 한·중 산업 협력 기반을 민관 합동으로 추진해야 할 것이다.[25]

이미 중국은 범용 상품에 대해 세계적 경쟁력을 갖추었고, 애국주의 소비 경향으로 소비재 시장 진출은 과거보다 더 어려워졌다. 하지만 우리 기업이 진출할 수 있는 고부가가치 소비재와 서비스 분야가 일부 있다. 의료기기·헬스케어 등 실버산업, 영유아 교육과 패션·밀키트·건강식 등 최근 중국 소비 트렌드에 부합하는 품목도 살펴볼 필요가 있다.

나아가 중국과 교역하는 방법도 고민해야 한다. 중국은 세계에서 전자상거

---

24) 우리나라는 에너지와 자원의 공급망 안정을 위하여 공급망 3법인 「공급망기본법」, 「소부장특별법」, 「자원안보특별법」을 제정하였음.

25) 정인교, "위기의 대중 교역, 고부가 서비스로 넘어서야", 2022.12.26. https://n.news.naver.com/article/025/0003248714?sid=110(검색일: 2023.1.18.)

래가 가장 활발한 지역이고, 중국 전자상거래 업체들은 해외 상품 유치에 적극적이다. 중국 소비자에게 어필할 수 있는 국내 제품은 전자상거래를 적극적으로 활용하는 것이 가장 현실적인 대중국 수출전략이 될 것이다.

2. 거버넌스 구축

미국 상원은 중국을 겨냥하여 '경제적 강압행위 전담팀' 법안을 발의했다.[26] 로버트 메넨데즈(민주당, 뉴저지주) 미 상원외교위원회 위원장 주도로 '경제적 강압행위 대응 전담팀' 구성 등을 골자로 한 110쪽 분량의 「21세기 경제운용법안(Economic Statecraft for the Twenty−First Century Act)」을 발의했다. 동 법안에는 경제 강압 행위 전담팀 구성 외에, 중국행 반도체 제조장비에 수출통제 조치를 적용하고, 중국 중앙정부의 기업체 보조금 지원에 대한 보고서 작성을 요구하는 내용을 담았다. 행정부의 중국 정책 대응 조정을 권고하고, 대만 지지를 이유로 중국의 강압 행위의 표적이 되고 있는 국가들을 위한 지원 전략을 마련하도록 상무부에 지시하고 있다.

메넨데즈 위원장은 지난달 28일 무역분야 등의 정책 개혁 플랫폼인 '미국 리더십이니셔티브(ALI)' 주최 행사에서 동 법안을 발표하면서, 그 어느 때보다 긴밀하게 연결되어 있고 복잡한 지정학적 현실에 대응할 수 있는 "새로운 관점의 정부 전체적 접근법"이 필요하다고 주장했다. 특히, 중국은 군사, 외교, 문화, 경제 등 4개 측면에서 활발히 활동하고 있을 뿐 아니라, '일대일로' 사업처럼 이 4개 분야를 하나의 거대한 경제정책에 통합시키는 막강한 전술로써 그들의 가치와 국익에 맞춰 국제질서 재편을 모색하고 있으나, 미국은 상무부, 재무부, 국무부, USTR 등 관계부처들이 온갖 요식체계와 관료주의에 막혀 공동비전 없이 각기 다른 이익과 목표를 추구하고 있는 실정이라고 비판하고, 따라서 이

---

26) 한국무역협회, "미 상원서 중국 겨냥 '경제적 강압행위 전담팀' 법안 발의" 2022−05−03
https://kita.net/cmmrcInfo/cmmrcNews/cmercNews/cmercNewsDetail.do?pageIndex=1&nIndex=1822462(검색일: 2023.1.17.)

러한 문제를 해결하기 위해 정부부처간 조율과 동맹국 관여를 강화하고, 기존 국제질서체제에 영향력을 발휘한다는 목표하에 동 법안을 발의한다고 밝혔다.

동 법안은 크게 '대응(confront)'와 '경쟁(compete)' 2개 부분으로 나뉘어 있으며, 전자에는 경제적 강압 행위, 투자 안보, 반경쟁, 공급망 관련 조항이, 후자에는 인프라, 에너지, 기술, 국제포럼 및 복원력 관련 조항이 담겨 있다. 이 중 특히, 경제적 강압 행위와 관련해서는 전담팀을 구성하여 "중국 당국의 폭력적이고 자의적이며 국제규칙에 반하는 강압적 경제 관행에 대한 통합된 대응 전략을 도출 및 이행하도록 했으며, 미 동맹국 및 민간 부문과 협의하고, 중국의 강압적 행위에 대한 기밀 정보 공유 전략을 도출하도록 명시했다. 또한, 동 전담팀은 국무부, 상무부, 재무부, 법무부, 농무부, USTR, 국가정보국(DNI), 증권거래위원회(SEC), 국제개발금융공사(IDFC), 그리고 대통령이 정하는 부처의 대표들로 구성하도록 되어 있다.

3. 동맹국 간 협력

니시무라 일본 경산상은 전략국제연구센터(CSIS) 연설27)에서 "모든 국가와 경제적 통합이 평화를 가져올 것이라는 믿음은 환상에 불과하였다"라며 동맹국 중심 新통상 체제의 중요성을 강조했다. 그는 경제 강압 대응방안이 G7 정상회의 주요 의제로 다뤄질 것으로 언급했다. 미국의 수출통제 의사를 밝힌 일본이 경제 강압 논의를 G7에서 주도하는 것은 당연한 수순일 수 있다.

중국의 경제 강압 관행에 대응하기 위해 EU는 강압 방지 도구를 모색하고 있다. EU는 중국의 조치에 공동으로 대응하는 방안을 모색 중이다. 현재 제안되어 있는 프레임워크는 일차적으로 대화와 참여를 통해 경제적 강압적 행동을 억제하도록 하는 절차를 가동하는 것이지만, 최후의 수단으로 무역, 투자 및 자금 조달과 관련된 광범위한 제한을 포괄하는 대응 조치로 보복할 수 있는 방안

---

27) 2023년 1월 5일 개최된 CSIS 세미나

을 검토하고 있다. 특히 EU 차원에서 강압적 관행 혐의를 조사하는 위원회를 구성하고, 강압적 관행가 확인되면 위원회는 EU를 대신하여 관련 제3국과 직접 협상, 중재 또는 국제 판결을 통해 이러한 관행을 종식시키는 방법을 모색하도록 한다. EU는 내부 규범화 외에 미국과의 무역기술이사회(TTC) 및 아세안과의 인도·태평양전략에서 강압조치 공동 대응방안을 추진하고 있다.

트럼프 집권 후반 이후 미국은 자국의 대중국 정책에 참여하는 국가들의 이익을 보호하겠다는 의지를 수차례 밝혔다. 2021년 3월 백악관 「잠정 국가안보지침」, 쿼드 정상회담 공동성명 등에서 동맹국이 중국의 보복으로 받을 불이익에 공동 대응할 의지를 밝혔다.[28] 동맹국들이 중국의 당근과 채찍 전략 우려에서 벗어날 수 있게 해주겠다는 의미이다. 하지만, 미국은 동맹국 보호에 적극적이지 못했다는 비판에서 자유롭지 못하다.[29]

미국은 중국에 대한 의존도 심화를 우려하고 있지만, 우방국과의 공급망 확충과 의존성 심화 방안을 적극 모색해야 한다.[30] 이를 위해서는 일방적인 조치보다는 협력, 조정 및 다자화 노력이 필요하다. 동맹국과의 공동대응을 언급하던 바이든 행정부가 우방국에게 큰 영향을 미치는 인플레감축법(IRA)을 일방적으로 제정한 것과 같은 사례를 더 이상 반복해서는 안 될 것이다. 일방적인 통보보다는 정책조율을 통해 동맹국들을 리드해나가는 모습을 보여야 할 것이다.

경제력과 공급망 폭과 깊이를 이용하여 중국은 경제분야 강압 조치를 주로 발동해 왔다. 이에 대한 대응방안은 중국의 경제보복의 손실을 만회해주는 국제메커니즘을 구축하는 것이 가장 효과적일 것이다. 보복 대상 국가에 대해

---

28) 2021년 3월 12일 조 바이든 대통령은 쿼드 정상회담에서 동맹국의 '(행동이) (중국) 강압에 구속당하지 않을 것(unconstrained by coercion)'이라고 언급했다.

29) 2020년 6월 11일 크라크 당시 미 국무부 경제차관은 동맹국들이 반중 연대에 동참할 것을 요청하면서 "중국의 보복시 미국은 한국을 지원하기 위한 준비를 갖췄다"라고 언급한 바 있다.

30) 중국이 쌍순환 정책 성공하면 경제적 보복 수단이 약화될 가능성이 높다. 따라서 중국은 단기적으로 경제강압을 널리 사용할 것으로 예상된다.

동맹국이 자국시장을 한시적이라도 열어줌으로써 중국의 경제적 위협을 상쇄시키는 것이다. 권위주의 정권을 비판한 호주에 대해 중국이 와인 수입을 금지하자, 호주 국민 및 국제사회가 호주 와인 소비를 늘림으로써 중국의 강압조치를 무력화시킨 사례를 반면교사로 삼아야 한다. 특히 한미일 혹은 아태전략 참가국, EU까지 포함한 경제 강압 상쇄 기구 구축을 논의해야 할 것이다. 특히 수출통제의 경우, 파급력 확대를 위해 미국은 수출통제를 다자화해야 한다. 하지만, 많은 우방국들은 상업적 이해관계와 중국의 보복을 우려하여 적극적인 입장 표명을 삼가고 있다. 미국은 수출통제 다자화와 경제 강압 상쇄 기구 구축을 동시에 추진할 필요가 있다.

Victor Cha는 미국이 중국과의 경쟁에서 이기기 위해서는 중국의 강압으로부터 국가를 격리시키는 수출통제 이상의 조치를 취해야 한다고 주장하고 있다. 미국은 동맹국들과 단합하여 "집단적 탄력성(Collective Resilience)" 클럽 구축을 제안하고 있다. 중국은 규모와 세계 경제에서 중심적인 지위에 있기에 다른 나라에 대한 영향력이 클 수 있으나, 중국 역시 막대한 양의 상품을 수입에 의존하고 있다. 미국은 중국이 특정 국가에 대해 행동할 때마다 클럽내 국가들 전체가 중요 물품에 대한 중국의 접근을 차단하는 조치로 대응해야 한다는 것이다. 경제적 강압조치로 중국도 막대한 피해를 보는 체제를 만들어야만 중국의 약탈적 행동을 저지할 수 있다는 것이다.

중국의 강압에 대응하는 블록은 미국, 호주, 일본, 한국이 먼저 합의에 도달하고, 다른 인도태평양경제프레임워크(IPEF) 동맹국들을 추가적으로 가입시켜 나가는 전략을 추진해야 한다. 지금까지의 중국 관행을 보면, 클럽 결성 자체에 대해 중국이 불쾌감을 드러낼 수 있겠지만 더 이상 중국의 경제 포식 전략에 당하지 않기 위해 아시아 국가들이 클럽에 참여할 수 있는 유인이 적지 않다는 것이 Victor Cha의 판단이다. 중국은 클럽 결성을 막거나 클럽을 깨기 위해 끊임없이 당근과 채찍을 사용할 것이므로, 클럽 국가의 정치적인 의지가 중요하다는 점을 지적하고 있다.

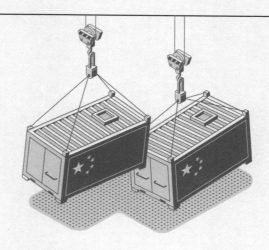

CHAPTER 08

중국의 경제강압에 대한 거버넌스 구축

중국의 경제강압에 대한 거버넌스 구축[1]

Ⅰ 서론

　　경제적 강압은 외교적 마찰이 있을 때, 상대국에 경제적 위협을 가하여 정책 변경을 압박하는 수단을 말한다.[2] 중국은 역사적으로 아주 오랫동안 경제적 강압 조치를 이용해 왔고, 미·중 갈등이 고조되던 2018년을 기점으로 급속히 증가하였다.[3] 중국식 경제적 강압 조치는 자의적이거나 불투명하다는 특징을 갖는다.[4] 중국은 비(非)법률적 수단을 활용하여 문제가 발생한 산업 분야가 아닌, 상대국의 민감한 영역을 표적으로 삼아 상대국의 두려움을 극대화하는 전략을 구사한다.[5] 중국 공산당은 앞으로도 대내적으로는 국내 정치 기반을 공고

---

1) 이 장은 류예리, "경제적 강압대응 거버넌스 구축에 관한 연구-캠프 데이비드 정신 실현의 예시-", Trade&Security, Vol.6, 2023을 기반으로 작성하였다.

2) Henry Farrell and Abraham Newman, "Weaponized Interdependence: How Global Economic Networks Shape State Coercion," International Security, Vol. 44 Issue 1, 2019, pp. 42-79.

3) 류예리, "중국식 경제 강압에 대한 대응방안 연구; 경제안보 시각에서", 「국제통상연구」, 한국국제통상학회, 제28권 제1호, 2023, 3면.

4) Matthew Reynolds and Matthew P. Goodman, "Deny, Deflect, Deter: Countering China's Economic Coercion", CSIS, 2023, p. 12.

5) 연원호, "중국의 기술 역량과 '경제적 강압'", 이데일리, 2023.3.13., available at

히 하고,6) 대외적으로는 경제안보 차원에서 경제적 강압 조치를 적극적으로 활용할 것이다.

이러한 중국의 경제적 강압에 대응하기 위하여 미국은 「경제강압대응법 (Countering Economic Coercion Act of 2023)」7)을 발의하였고, 유럽연합(European Union, 이하 'EU')도 통상위협 대응조치(Anti-Coercion Instrument, 이하 'ACI')8)를 시행하고 있다. 한편 소다자협의체9)를 통해서도 중국의 경제적 강압에 대한 대응방안이 논의되고 있는데, 히로시마 G7의 경제적 회복력과 경제안보(Economic Resilience and Economic Security) 공동성명10)에서는 경제적 강압 조율 플랫폼(Coordination Platform on Economic Coercion) 구축에 대한 합의가 도출되었다. 이후 캠프 데이비드 정신: 한·미·일 정상회담 공동성명11)에서도 경제적 강압에 대한 대응방안으로 공급망 조기경보시스템(Early Warning System) 시범사업 출범이 제안되었다.

이처럼 중국의 경제적 강압에 대한 집단적 대응방안이 본격적으로 논의되

....

https://www.etoday.co.kr/news/view/2229735 (2023.8.7. 최종접속)

6) Matthew Reynolds·Matthew P. Goodman, op. cit., p.7.

7) 2023년 2월 미국 상원의 크리스 쿤스(Chris Coons), 토드 영(Todd Young) 의원, 하원의 톰 콜(Tom Cole), 그레고리 믹스(Gregory Meeks) 및 아미 베라(Ami Bera) 의원이 「경제강압대응법」을 발의하였다. 동 법안에 대한 상세한 내용은 https://www.congress.gov/bill/118th-congress/senate-bill /295/text?s=1&r=36 참조 (2023.9.27. 최종접속).

8) ACI는 2021년 12월 EU 집행위원회가 발의하여 2022년 10월과 11월에 유럽의회와 EU 이사회가 각각 승인하고 절차의 조속한 진행을 권한바, 유럽의회, 이사회 및 EU 집행위원회는 2023년 3월 28일 3자 협상을 통해 최종 타협안에 합의한 바 있다.

9) 이상현 세종연구소 소장은 이번 정상회담을 계기로 한·미·일 3국 협력이 제도화될 수 있다면 쿼드와 오커스 등 미국이 참여한 다른 소다자협의체들보다 더 강건한 협의체가 될 수 있다고 주장한 바 있다. Available at https://www.rfa.org/korean/in_focus/nk_nuclear_talks/rokusjapan-08222023090602.html (2023.9.28. 최종접속).

10) The White House, "G7 Leaders' Statement on Economic Resilience and Economic Security", May 20, 2023, available at https://www.whitehouse.gov/briefing-room/statements-releases/2023/05/20/g7-leaders-statement-on-economic-resilience-and-economic-security/ (2023.9.1. 최종접속).

11) The White House, "The Spirit of Camp David: Joint Statement of Japan, the Republic of Korea, and the United States", August 18, 2023, available at https://www.whitehouse.gov/briefing-room/statements-releases/2023/08/18/the-spirit-of-camp-david-joint-statement-of-japan-the-republic-of-korea-and-the-united-states/ (2023.9.1. 최종접속).

고 있는 상황에서, 2016년 사드(THAAD) 배치로 경제보복을 경험한 우리나라는 국제사회의 경제적 강압 조율 플랫폼 구축을 위한 움직임에 적극적으로 동참하여야 한다. 사실 우리나라는 양자 관계 이외에 다른 국가들과 공동으로 대응할 수 있는 안보체계가 확립되지 않은 실정이다. 그래서 우리나라는 소다자 안보 협의체인 쿼드(QUAD)나 오커스(AUCUS) 참여국에 비해 중국의 경제적 강압 위협으로부터 훨씬 더 취약하다.[12] 따라서 우리나라도 소다자협의체에서 논의되고 있는 중국의 경제적 강압에 보다 효율적이고 신속하게 공동대응할 수 있는 경제적 강압대응 거버넌스를 조속히 구축해야 한다.

II 경제적 강압의 개념 및 범위

1. 경성법에서의 경제적 강압에 관한 규정

(1) EU의 ACI

EU는 경제적 강압 조치가 날로 증가함에 따라 경제적 강압에 대응하여 EU와 회원국들의 이익을 보호하기 위하여 ACI를 제정한다고 그 입법 취지를 밝히고 있다.[13] EU는 이미 리투아니아가 중국으로부터 경제적 강압 조치를 당했을 때, EU 차원에서 공동으로 대응한 경험이 있다.[14] 이에 EU와 회원국들은

---

12) 연원호, 전게자료.

13) EU Commission, "Proposal for a Regulation of the European Parliament and of the Council on the Protection of the Union and its Member States from Economic Coercion by Third Countries", 2021, p.1.

14) Mathieu Duchatel, "Effective Deterrence? The Coming European Anti-Coercion Instrument", December 2, 2022, available at https://institutmontaigne.org/en/expressions/effective-deterrence-coming-european-anti-coercion-instrument (2023.9.28. 최종접속); Hybrid CoE Trend Reports, "Threat potential in the economy: from vulnerabilities to China's increased coercion", June 2023, P. 1, available at https://www.hybridcoe.fi/wp-content/uploads/2023/06/ 20230612-Hybrid-CoE-Trend-Report-10-Threat-potential-in-the-economy-WEB.pdf (2023.9.28. 최종접속).

경제적 강압대응의 시급성과 위협의 본질에 대해 공감하고 있기에 ACI 제정을 서두른 것으로 보인다.

ACI는 제2조 제1항15)에서 "제3국이 무역 또는 투자에 영향을 미치는 조치를 적용하거나 적용하겠다고 위협함으로써 EU 및 회원국의 특정 행위를 저지, 중단, 변경, 적용하고자 EU 또는 회원국의 정당한 주권적 선택에 개입하는 제3국에게 적용된다."고 규정하고 있다. ACI에서는 제3국의 행위, 즉 무역 또는 투자에 영향을 끼치는 조치를 적용하거나 적용하겠다는 위협까지도 경제적 강압 조치로 간주한다고 하여 경제적 강압의 범위를 상당히 광범위하게 규정한 것이다.

동 조항은 미국의 「경제강압대응법」발의안과 달리 경제적 강압으로 인해 EU 또는 회원국에 경제적 피해를 야기해야 한다는 조건이 없다. 즉, 동 법에서 말하는 경제적 강압 조치가 궁극적으로 EU 또는 회원국에 경제적 피해를 야기하지 않더라도 동 법이 적용된다. 동 조항은 또한 경제적 강압 조치의 의도에 대해서도 묻지 않는다. 무역 또는 투자 조치를 적용하거나 적용하겠다는 위협만 있으면 되며, 이러한 조치를 통해서 어떤 목적을 달성하고자 하는지에 대해서는 묻지 않는다. 따라서 동 규정은 ACI가 적용될 수 있는 범위를 최대한 확대하고 있음을 알 수 있다.

주목할 점은 ACI는 제3국이 EU는 물론이고, 그 회원국의 특정 행위를 저지, 중단, 변경, 적용하고자 하는 EU 또는 회원국의 정당한 주권적 선택에 개입하려는 경우 모두에 적용된다는 것이다. 따라서 ACI는 EU에게뿐만 아니라 EU 회원국의 특정 행위를 저지, 중단, 변경, 적용하고자 하는 정당한 주권적

---

15) ACI Article 2, Scope 1: "This Regulation applies where a third country: - interferes in the legitimate sovereign choices of the Union or a Member State by seeking to prevent or obtain the cessation, modification or adoption of a particular act by the Union or a Member State - by applying or threatening to apply measures affecting trade or investment. For the purposes of this Regulation, such third-country actions shall be referred to as measures of economic coercion."

선택에 개입하려는 경우에도 적용되기 때문에 EU가 제3국의 경제적 강압에 대해 EU 회원국과 공동으로 대응하겠다는 취지를 법규에서 명확히 보여주고 있다.

(2) 미국의 「경제강압대응법」 발의안

미국의 「경제강압대응법」 제3조 제2항16)에 따르면, 경제적 강압은 해외적 대자가 전략적 정치적 목적을 달성하거나 주권국의 정치적 행위에 영향을 주기 위하여 무역, 상업, 대외원조, 투자를 자의적·임의적이거나 불투명한 방식으로 불합리하게 저지, 방해, 조종하여 경제적 피해를 야기하는 어떤 행위, 관행, 위협 조치를 의미한다.

동 법에서 말하는 경제적 강압이 되기 위해서는 먼저 해외적대자의 행위, 관행 및 위협이 있어야 한다. 이때 해외적대자(Foreign Adversary)17)란 미국의 국가안보 또는 미국인의 안보와 안전에 심각하게 불리한 행위를 장기적으로 수행하거나 심각한 사례에 연루된 모든 외국 정부 또는 외국 비정부 개인을 의미한다. 따라서 미국의 국가안보 또는 미국인의 안보와 안전에 심각하게 불리한 행위이긴 하나 단기적으로 수행하거나 심각하지 않은 사례에 연루된 외국 정부 또는 외국 비정부 개인은 해외적대자가 될 수 없다.

다음으로 동 법에서 말하는 경제적 강압이 되기 위해서는 전략적·정치적 목적을 달성하거나 주권국가의 정치적 행위에 영향을 주기 위한 행위, 관행, 위

---

16) 미국의 「경제강압대응법」 Sec. 3(Definitions): "(2) ECONOMIC COERCION.—The term "economic coercion" means actions, practices, or threats undertaken by a foreign adversary to unreasonably restrain, obstruct, or manipulate trade, foreign aid, investment, or commerce in an arbitrary, capricious, or non—transparent manner with the intention to cause economic harm to achieve strategic political objectives or influence sovereign political actions."

17) 미국의 「경제강압대응법」 Sec. 3(Definitions): "The term "foreign adversary" means any foreign government or foreign nongovernment person engaged in a long—term pattern or serious instances of conduct significantly adverse to the national security of the United States or security and safety of United States persons."

협 조치여야 한다. 다시 말해, 전략적 정치적 목적을 달성하고자 하지 않는 또는 주권국의 정치적 행위에 영향을 주지 않는 행위, 관행, 위협 조치를 동 법에서 말하는 경제적 강압이라고 할 수 없으며, 동 법이 적용될 수 없다.

끝으로 동 법이 적용되기 위해서는 경제적 강압 조치의 분야 및 방식도 살펴보아야 한다. 즉 무역, 상업, 대외원조, 투자 분야에서 자의적·임의적이거나 불투명한 방식으로 불합리하게 저지, 방해, 조종하여 경제적 피해를 야기하는 어떤 행위, 관행, 위협 조치이어야 한다. 따라서 무역, 상업, 대외원조, 투자 분야가 아니거나 투명한 방식으로 합리적으로 이루어지는 저지, 방해, 조정하는 경우에는 동 법이 적용되지 않는다.

이때 동 법상의 경제적 강압 행위, 관행, 위협으로 인해 경제적 피해가 야기되어야 한다. 즉, 해외적대자의 경제적 강압 조치로 인해 경제적 피해가 발생했다는 인과관계가 형성되어야 한다. 그러나 만약 인과관계가 입증되지 않으면 동 법이 적용될 수 없으므로 인과관계를 증명할 수 있는 경제적 피해의 유형, 규모, 평가가 필요하며, 이를 위한 기관의 신설 또는 기존에 있던 기관의 재편이 필요할 것이다.

이처럼 미국의 「경제강압대응법」은 경제적 강압 조치를 채택하는 주체, 대상, 목적, 그리고 이로 인한 피해까지 명확하게 적시하여 경제적 강압의 범위를 명확히 하고 있다. EU의 ACI에 비해서 미국의 「경제강압대응법」에서 말하는 경제적 강압에 대한 범위는 매우 제한적이며, 경제적 강압으로 인한 피해까지도 야기되어야 하므로 실제 이를 입증하는 과정이 쉽지 않을 것으로 보인다.

2. 연성법에서의 경제적 강압대응에 대한 논의

(1) 히로시마 G7의 경제적 회복력과 경제안보 공동성명

G7 국가들은 2023년 5월 20일 히로시마 공동성명에서 경제적 강압이 경제적 취약성과 의존성을 이용하고, G7 국가들과 전 세계 파트너 국가들의 국내

및 대외 정책과 입장을 훼손하려는 행위라고 언급하고 있다.[18] G7 공동성명에서는 경제적 강압의 유형을 두 가지로 본다. 하나는 경제적 취약성과 의존성을 악용하는 행위, 다른 하나는 G7 국가들과 파트너 국가들의 국내 및 대외 정책과 입장을 훼손하는 행위이다.

G7 공동성명에서는 EU의 ACI와 미국의 「경제강압대응법」에서 언급되지 않은 경제적 취약성과 의존성(Economic Vulnerabilities and Dependencies)을 악용하는 행위가 경제적 강압의 유형으로 등장한다. 여기에서 경제적 취약성과 의존성을 이용하는 행위는 바로 상호의존을 무기로 활용하는 행위이다. 예컨대, 반도체, 금융, 의약품 등은 글로벌 공급망으로 연결되어 상호 지원해주고 있다. 글로벌 공급망은 비용 절감, 비교 우위의 추구 등 경제적 효율성의 결과이며, 이에 대한 교란은 상호의존성을 무기화하는 국가와 기업들도 글로벌 공급망에 참여하고 있기 때문에 손실을 가져올 수 있다.[19]

즉, 글로벌 공급망의 무기화는 해당 분야에 대한 상대국의 장기적 성장을 저해할 수 있는 분야, 품목 등에 대한 경제적 제한이 핵심이며 더 나아가, 단기적인 경제적 손실에도 불구하고 정치, 군사력 등 지정학적 경쟁의 우위에 따르는 이익이 더 큰 경우 특정 산업에 대한 글로벌 공급망을 무기화할 수 있다. 이처럼 공급망을 무기화하여 상대국가의 공급망을 교란하는 행위는 G7이 가장 우려하는 경제적 강압의 행위라 할 것이다.

(2) EU-美 무역기술위원회 제4차 회의 공동성명

미국과 EU는 2023년 5월 31일 발표된 제4차 TTC 공동성명[20]에서 최근

---

18) 참고로 원문은 다음과 같다: "The world has encountered a disturbing rise in incidents of economic coercion that seek to exploit economic vulnerabilities and dependencies and undermine the foreign and domestic policies and positions of G7 members as well as partners around the world."

19) Ibid.

20) The White House, "U.S.-EU Joint Statement of the Trade and Technology Council", May 31, 2023, available at https://www.whitehouse.gov/briefing-room/statements-relea

몇 년간 점점 더 빈번하게 자행되고 있는 경제적 강압이 계속해서 사용되는 것에 대해 우려를 표명하였다. 공동성명에서는 경제적 강압을 외국 정부의 정당한 주권적 권리 또는 선택에 개입 또는 방해하기 위하여 불투명한 규제 및 사이버안보 심사와 같은 해외 기업과 개인을 표적으로 하는 조치의 사용 또는 사용에 대한 위협을 통하여 외국 정부의 정당한 정책 결정을 훼손하려는 시도를 말한다고 언급하고 있다.[21]

이 공동성명에서는 경제적 강압에 사용되는 수단을 구체적으로 해외 기업과 개인을 표적으로 하는 불투명한 규제 및 사이버안보 심사와 같은 조치의 사용 또는 사용에 대한 위협을 들고 있다. 동 공동성명에서는 비록 경제적 강압의 주체를 특정하지는 않았지만, 당시 중국 당국이 마이크론 제품에 대해 안보 심사를 진행 중이었기 때문에 중국 정부를 겨냥한 것으로 보인다.[22]

(3) 6개국의 무역관련 경제적 강압과 비시장정책 및 관행 공동성명

2023년 6월 9일 6개국[23]은 무역관련 경제적 강압과 비시장정책 및 관행 공동성명[24]에서 특히 "무역 관련" 경제적 강압에 대해서 우려하고 반대하는 입

---

ses/2023/05/31/u-s-eu-joint-statement-of-the-trade-and-technology-council -2/ (2023.9.1. 최종접속)

21) 참고로 원문은 다음과 같다: "This includes attempts to undermine other governments' legitimate policy decisions through the use, or threat of use, of targeting of foreign firms and individuals to prevent or interfere with the foreign government's exercise of its legitimate sovereign right or choices, such as through opaque regulatory and cybersecurity reviews."

22) 곽도영, "韓, 對中 반도체 압박 동참… 美, 반도체법 장비규제 완화 가능성", 동아일보(2023. 4.28.), available at https://www.donga.com/news/Inter/ article/all/20230428/119049985/ 1 (2023.9.28. 최종접속).

23) 6개국에는 파이브 아이즈(Five Eyes) 5개국(미국, 호주, 영국, 영국, 캐나다, 뉴질랜드)과 일본이 포함된다.

24) The White House, "Joint Declaration Against Trade-Related Economic Coercion and Non -Market Policies and Practices", 9 June 2023, https://ustr.gov/about-us/policy-offices /press-office/press-releases/2023/june/joint-declaration-against-trade-related- economic-coercion-and-non-market-policies-and-practices (2023.9.1. 최종접속)

장을 명확히 하였다. 공동성명에서는 무역 관련 경제적 강압이란 전략적, 정치적 또는 정책적 목표의 달성을 위해 외국 정부가 어떤 결정이나 조치를 취하거나 취하지 않도록 압력을 가하거나, 유도를 하거나, 영향을 미치기 위해 또는 외국 정부의 정당한 주권적 권리 또는 선택 행사를 방지하거나 방해하기 위해 자의적·임의적 등의 방식으로 무역 및 투자에 영향을 미치는 조치를 사용하거나 위협을 사용하는 행위라고 언급하고 있다.[25]

공동성명은 무역 관련 경제적 강압으로 범위를 무역 관련으로만 한정하고 있어 보이지만 무역 관련 경제적 강압을 설명하는 과정에서 무역 및 투자에 영향을 미치는 조치를 사용하거나 위협을 사용하는 행위라고 하여 무역뿐만 아니라 투자도 포함됨을 알 수 있다. 공동성명에서는 또한 무역 관련 경제적 강압의 특징도 언급하고 있다. 즉 이러한 무역 관련 경제적 강압은 추진하고자 하는 전략적 목표와 무관한 합법적인 정부 규제 또는 공공정책 조치로 위장이 가능하며, 국유 또는 국영 및 통제 또는 민간 기업에 대한 정부의 위탁 또는 지시를 통해 간접적으로도 발생할 수도 있다.

(4) 캠프 데이비드 정신: 한·미·일 정상회담 공동성명

2022년 11월 13일 한미일 프놈펜 공동성명[26]에 이어 2023년 8월 18일에

---

25) 참고로 원문은 다음과 같다: "3. We are particularly concerned with, and oppose, trade-related economic coercion that uses, or uses the threat of, measures affecting trade and investment in an abusive, arbitrary, or pretextual manner to pressure, induce or influence a foreign government into taking, or not taking, a decision or action in order to achieve a strategic political or policy objective, or prevent or interfere with the foreign government's exercise of its legitimate sovereign rights or choices. This trade-related economic coercion is frequently disguised as a legitimate government regulatory or public policy measure unrelated to the strategic objective that it is intended to advance. It may also occur indirectly through government entrustment or direction given to state-owned, state-controlled, or private enterprises."

26) The White House, "Phnom Penh Statement on US-Japan-Repbu", November 13, 2022, available at https://www.whitehouse.gov/briefing-room/statements-releases/2022/11/13/phnom-penh-statement-on-trilateral-partnership-for-the-indo-pacific/(2023. 10.9. 최종접속)

발표된 캠프 데이비드 정신: 한·미·일 정상회담 공동성명에서는 "앞으로 우리 국가들은 정보공유를 확대하고 잠재적인 국제 공급망 교란에 대한 정책 공조를 제고하며, 경제적 강압에 맞서고 이를 극복하는 데 더 잘 대비해 나가기 위해 공급망 조기경보시스템 시범사업을 출범하고자 긴밀히 협력해 나갈 것이다"고 언급하고 있다.[27] 프놈펜 공동성명에서는 한·미·일 3국이 경제적 강압에 함께 대응하자는 정도만 언급되었지만, 캠프 데이비드 공동성명에서는 경제적 강압에 대해 구체적인 방안이 제시되고 있다. 즉 경제적 강압에 맞서고, 이를 극복하는데 더욱 잘 대비해 나가기 위한 방안으로 공급망 조기경보시스템 시범사업을 제시하고 있다. 이는 경제적 강압은 곧 공급망을 무기화하는 행위, 즉 상대국의 공급망을 교란하는 행위라 할 수 있으며, 이러한 행위에 맞서고 극복하는 대응방안이 곧 경제적 강압에 맞서고 극복하는 대응방안과도 일치한다는 것을 보여주고 있다.

3. 시사점

경제적 강압에 대해 국제적으로 합의된 정의는 없다.[28] 심지어 EU의 ACI와 미국의 「경제강압대응법」에서도 경제적 강압에 대한 개념과 범위가 상이함을 알 수 있다. 이처럼 경제적 강압에 대한 개념과 범위가 서로 다른 상황에서 소다자협의체인 히로시마 G7 공동성명과 캠프 데이비드 공동성명에서 제시된 경제적 강압의 합의 내용에 주목할 필요 있다. 히로시마 G7 공동성명에서는 경제적 강압의 새로운 유형으로 경제적 취약성과 의존성으로 인한 공급망의 무기화 조치가 등장하였다. 이후 캠프 데이비드 정신: 한·미·일 정상회담 공동성

---

27) 참고로 원문은 다음과 같다: "Going forward, our countries are committed to working closely together to launch early warning system pilots to expand information sharing and enhance policy coordination on possible disruptions to global supply chains as well as to better prepare us to confront and overcome economic coercion."
28) 유지영, "경제적 강압에 관한 국제 논의 비교분석", 「경제안보 Review」, 2023-14호 (2023.8.9.), 외교부 경제안보외교센터, p. 2.

명에서도 경제적 강압의 대응방안이 곧 공급망 교란 시 대응방안으로 국가 간 상호 협력할 것에 합의함으로써 경제적 강압의 대응문제가 곧 공급망 교란 대응문제와 동일함을 시사하고 있다. 따라서 우리나라는 경제적 강압에 대응하는 기제(Mechanism)와 공급망 관리체계가 결코 분리되어 있지 않고, 상호 연계되어 있으며, 양자가 연동되어 작동될 때 훨씬 더 효율적이고 신속하게 대응할 수 있다는 것을 이해하고 이에 부합하는 거버넌스를 구축해야 한다.

III 소다자주의를 통한 경제적 강압대응 거버넌스 구축 방안

1. 경제적 강압대응 거버넌스 구축의 필요성

거버넌스(Governance)는 학문의 영역에 따라 다양하게 논의되고 있다. 그러나 거버넌스의 공통적인 내용은 바로 무엇인가를 관리하는 것 또는 관리하는 메커니즘을 말한다.[29] 나아가, 글로벌 거버넌스(Global Governance)는 다양한 지구적 이슈와 문제들에 대하여 개별 국가 차원에서 충분히 대응하지 못할 때, 국제사회가 그 해결을 위해 협력적으로 수행하는 관리 방식을 의미한다.[30]

그러나 오늘날 글로벌 거버넌스의 대안이었던 다자주의(Multilateralism)가 제대로 작동하지 않고 있어 경제적 강압 및 공급망 대응이라는 공통분모를 바탕으로 소다자주의(Minilateralism) 차원에서 집단적 대응을 고민할 필요가 있다. 즉, 중국의 경제적 강압 조치에 대해 개별 국가 차원에서의 일대일 대응을 포함하여 강력한 억지력을 기반으로 소다자 차원에서 포괄적으로 공동 대응하는 소다자 거버넌스 구축방안을 모색해야 한다.

경제적 강압은 다자간 무역 체제의 기능과 신뢰를 훼손할 뿐만 아니라 주

---

29) 유현석, "글로벌 거버넌스: 개념적 논의", 「국정관리연구」, 제1권 제1호, 성균관대학교 국정관리대학원, 2006, 105면.
30) Ibid.

권 존중과 법치주의를 중심으로 하는 국제질서를 침해한다. 나아가, 글로벌 안보와 안정성까지도 훼손할 수 있다. 그러나 중국의 경제적 강압 조치에 대하여 소규모 경제국들이 개별 국가 차원에서 충분히 대응하지 못하고 있다. 따라서 경제적 의존성을 무기화하려는 시도를 국제사회가 아니라 소다자 차원에서만이라도 협력적으로 대응하는 방식을 수립할 필요가 있다.

앞서 언급한 바와 같이, 다른 국가들의 국내·외 정책과 입장을 훼손하려는 중국의 경제적 강압은 2018년을 기점으로 지속되고 있다. 중국의 경제적 강압 조치 중에서도 중국이 「수출통제법」과 「반외국제재법」 등 법률을 근거로 다른 국가의 공급망을 교란하는 행위 또는 위협은 상대국가의 안보에도 심각한 영향을 끼칠 수 있다. 따라서 중국의 경제적 강압을 효율적으로 억제하기 위해 집단적 대응(Collective Resilience)[31] 전략이 필요하다.

2. 경제적 강압대응 거버넌스의 역할 및 기능

히로시마 G7 정상회의 공동성명에서는 "경제적 강압 조치 사용을 억제하기 위해서는 경제적 강압에 대한 집단적 평가, 준비, 억제 및 대응(Collective Assessment, Preparedness, Deterrence and Response)을 강화하기 위해 경제적 강압에 관한 조정 플랫폼을 출범함으로써 협력을 강화하고, G7을 넘어 파트너 국가들과의 협력을 더욱 촉진해야 한다."고 언급하고 있다. G7의 공동성명에서 이러한 합의문이 나오기까지 중국의 경제적 강압 조치가 이제는 "억제해야" 하는 상황에 이르렀으며, 이를 억제하기 위한 시스템은 개별 국가 차원이 아니라 집단적으로 대응해야 함을 공포하고 있다.

이 조정 플랫폼이 곧 경제적 강압에 대응하는 거버넌스로서 역할을 할 것이며, 조기 경보 및 신속한 정보공유, 정기적 협의, 상황에 대한 공동 인식 및 평가, 조정된 대응방안이 모색될 것이다.[32] 이를 위하여 먼저 국내 수준에서 국

---

31) Victor Cha, "Examining China's Coercive Economic Tactics", CSIS, May 10, 2023, p. 2.
32) Matthew Reynolds and Matthew P. Goodman, op. cit., p. 48; Fergus Hunter et al. op.

내 법체계에 부합하는 방식으로 강압적인 경제 조치의 사용을 억제하고 대응하기 위해 기존 도구를 사용하고, 그 효율성을 검토하며, 필요에 따라 새로운 도구를 개발하여야 할 것이다.

중국의 경제적 강압은 단순히 부정하는 정도가 아니라 억제해야 할 시기에 도래했다는 것이다. 사전적 의미로서 억제(Deterrence)는 "감정이나 욕망, 충동적 행위 등을 내리눌러서 그치게 하는 것 또는 정도나 한도를 넘어 나아가려는 것을 억눌러 그치게 하는 것"을 뜻한다. 억제이론(Deterrence Theory)은 한 국가가 상대국가에 공격을 고려할 시 공격으로부터 얻을 이익과 피공격국가로부터 받을 보복공격에서 오는 손실을 비교하여 손실이 이익보다 크다고 판단되면 공격 행위를 단념하게 된다는 것이다.[33]

억제는 다시 거부적 억제와 보복적(응징적) 억제로 구분한다.[34] 거부적 억제(Deterrence By Denial)는 상대방이 공격을 통해 얻을 수 있는 이익보다 공격에 수반되는 비용과 위험이 훨씬 크다는 것을 인식하여 공격을 사전에 단념시키는 것을 의미한다. 보복적(응징적) 억제(Deterrence By Retaliation/Punishment)는 상대방이 공격 시 훨씬 심각한 피해를 입을 것이라는 2차 보복 위협을 가함으로써 공격을 억지시키는 것을 의미한다. 그렇다면 문제는 중국의 경제적 강압을 억제하기 위해서는 그 억제의 정도가 거부적 억제이어야 하는가 아니면 보복적 억제이어야 하는가이다.

현재 중국의 경제적 강압은 다른 국가의 주권까지도 위협하는 매우 포괄적이고 위험한 단계에까지 이르렀다. 중국의 경제적 강압에 대해 부정을 통한 억지에서 응징과 보복을 통한 억제로도 전환시킬 수 있는 체계를 마련하여야 한다. 지금까지 중국의 경제적 강압에 대해서 부정을 통한 억제전략은 성공하

---

cit., pp. 36－38.

33) 이용수, "억제이론을 중심으로 저위력 핵무기 개발 및 함의에 관한 연구", 「선진국방연구」, 2021, Vol.4, No.3, 통권 11호, 광운대학교 방위사업연구소, 113－131면.

34) 상동.

지 못했다. 중국의 경제적 강압은 영토와 영해 문제를 넘어서 중국의 개인과 기업들에 대한 차별문제를 포함하여 매우 광범위하고 무차별적으로 시행되었다. 따라서 이제는 중국이 자국의 전략자원과 경제력을 통하여 경제적 강압 목적을 달성할 수 없음을 인식하도록 보복을 통한 억제전략으로 전환해야 한다.

이를 위해, 경제적 강압대응 억제 기제가 효과적으로 작동하기 위해서는 첫째, 소다자협의체 거버넌스 참여국의 능력이 경제적 강압을 거부 또는 보복할 수 있어야 한다. 둘째, 경제적 강압대응에 대해 상대방의 공격을 거부 및 보복할 수 있다는 소다자 거버넌스 참여국의 의지가 충분히 표명되어야 한다. 셋째, 소다자 거버넌스 참여국 간에 경제적 강압에 대한 거부 및 보복을 할 수 있는 능력과 의지에 대한 충분한 신뢰성이 확보되어야 한다.[35]

따라서 경제적 강압대응 소다자 거버넌스는 경제적 강압을 거부 또는 보복할 수 있는 능력을 집단적으로 구축 내지는 결집하는 역할을 할 것이다. 그리고 상대방의 공격을 거부 또는 보복할 수 있다는 의지를 개별 국가가 아닌 소다자 거버넌스를 통해 집단적으로 표명하는 역할을 할 것이다. 나아가, 경제적 강압대응 소다자 거버넌스는 참여국 간에 경제적 강압에 대한 거부 및 보복을 할 수 있는 능력과 의지에 대한 신뢰성을 확보하는 수단으로 작동될 것이다.

3. 시사점

히로시마 G7 공동성명 및 한·미·일 공동성명에서 언급된 경제적 강압대응은 중국의 경제적 강압을 억제하는 데 필요한 소다자 거버넌스의 새로운 표현이라고 볼 수 있다. G7에서 합의한 플랫폼은 중국의 경제적 강압 조치 사용을 억제하기 위해 경제적 강압을 집단적으로 평가, 준비, 억제 및 대응을 강화하기 위한 관리 및 조직의 형태가 될 것이기 때문이다. 여기에서 주목할 점은 중국의 경제적 강압을 단순히 부정하는 정도가 아니라 억제해야 할 시기에 도

---

35) 상동.

래했다는 것이다. 경제적 강압대응 소다자 거버넌스는 중국의 경제적 강압을 억제하기 위하여 소다자 간 효율적이고 체계적이며 투명하게 평가, 준비, 관리하는 역할 및 기능을 수행해야 한다. 그리고 경제적 강압대응 소다자 거버넌스의 기능은 중국의 경제적 강압을 억제하기 위하여 소다자 간에 효율적이고 체계적이며 투명하게 평가, 준비, 관리하는 체계를 갖추어야 한다.

Ⅳ 결론

1. 경제안보와 공급망 거버넌스의 혼재

우리나라는 경제안보가 곧 공급망 관리라는 인식하에 경제안보 거버넌스가 공급망 거버넌스 역할까지 수행하고 있다. 우리나라는 2021년 요소수 사태를 기점으로 경제안보 차원에서 글로벌 공급망 문제를 관리하고 있다. 총괄부처인 기획재정부(이하 '기재부')는 경제안보 핵심품목 TF를 신설하여 4천여 대외 의존품목 및 200대 경제안보 핵심품목에 대한 범정부 공급망 조기경보체계를 운영하고 있다. 그리고 동 TF를 뒷받침하기 위한 전담 조직으로 기재부 제1차관을 단장으로 하는 경제안보공급망기획단이 출범하였다.[36]

경제안보공급망기획단은 기재부 소속으로 1과인 총괄기획과 및 1팀인 공급망관리제도화팀으로 구성되어 있으며, 외교부·행정안전부·농림축산식품부·산업통상자원부 등에서 파견받은 인원을 합하여 총 13명이 근무하고 있다. 경제안보공급망기획단은 경제안보 핵심품목 TF 운영을 통한 공급망 현황 점검 및 리스크 대응뿐만 아니라 「경제안보를 위한 공급망 안정화 지원 기본법」(이하, '「공급망 기본법」')의 제정 및 공급망안정화기금의 신설 등 공급망 안정을 위한 제도적 기반 마련을 추진하고 있다.[37]

---

36) 강종석, "공급망 안정화를 위한 위기관리체계 제도화", 「미래정책」, Vol. 34, 경제·인문사회연구회, 2022, pp.28 – 29.

기재부는 향후 「공급망 기본법」 제정을 통해 컨트롤타워인 공급망안정화위원회를 설치할 예정이다. 공급망과 관련된 추진체계로써 국가 컨트롤타워의 역할을 수행할 공급망안정화위원회를 신설하여 개별 부처에서 수행하고 있는 공급망 관련 정책 및 계획을 유기적으로 연계한다. 동 위원회를 중심으로 기재부와 개별 부처 간 역할을 분담하여 공급망 안정화를 위한 범정부적 협력을 추구하게 될 것이다.

구체적으로 기재부는 공급망 안정화 기본계획, 경제안보 품목·서비스의 지정 및 지원체계, 공급망 안정화 기금 등 종합적 지원체계를 마련하여 공급망 경제정책의 총괄 및 조정 기능을 수행한다. 개별 부처는 공급망 안정화 기본계획에 따라 소관 분야별로 시행계획을 수립하고, 경제안보 품목·서비스 지정 및 공급망 안정화 선도 사업자 지원 등 실제 안정화 조치를 실행한다. 이처럼 기재부와 관련 부처는 경제안보와 공급망 관리를 포괄적으로 관리하고 있지만, 경제적 강압에 대해서는 전문적 대응이 부재한 상황이다.

2. 경제적 강압대응 거버넌스의 부재

우리나라는 주요 전략물자[38])에 대한 높은 중국 의존도로 인해 우리나라 공급망 관리는 곧 중국의 경제적 강압 조치에 있어서 가장 취약한 고리이다. 그럼에도 불구하고, 우리나라는 경제안보 차원에서 중국의 경제적 강압에 대응할 수 있는 거버넌스가 부재하다. 따라서 소다자협의체를 기반으로 공동대응할 수 있는 새로운 경제적 강압대응 조직을 신설할 것인지, 아니면 기존의 조직을 재편할 것인지 등에 대해 선택해야 한다.

우리나라는 경제안보 거버넌스가 곧 공급망 관리 거버넌스인 상황에서 경제적 강압대응 거버넌스를 별도로 신설한다는 것은 다음과 같은 문제를 야기한

---

37) Ibid.
38) 전략물자란 「대외무역법」 제19조에 언급된 국제수출통제체제의 원칙에 따라 국제평화 및 안전유지와 국가안보를 위해 수출허가 등 제한이 필요한 물품을 일컫는다.

다. 즉, 경제안보, 공급망 관리, 경제적 강압대응이 결코 분리된 업무가 아니라 연결된 업무라고 했을 때, 경제적 강압대응 별도 조직의 신설은 효율성과 신속성을 저하시킨다. 따라서 가장 좋은 방안은 기재부의 공급망 관리 업무에 중국의 경제적 강압 대응전담반이 설치되면 소다자협의체에서 논의되는 경제적 강압대응 체제에 부합할 것이다.

또한 「공급망 기본법」상의 공급망안정화위원회는 공급망 관리체계 내에 경제적 강압대응 관련 정책 및 계획을 수립하는 개별 부처 및 기관의 협력을 연계하도록 해야 한다. 그리고 동 위원회는 공급망 관련 중국의 경제적 강압에 대한 위험파악, 위험 예방, 위기대응 등 공급망 위험의 효과적 예방 및 대응을 위해 위험주기별 정부 내 시스템을 구축하여 공급망 관리와 경제적 강압대응이 동시에 작동될 수 있도록 해야 한다.

3. 소다자주의 협의체에 기반하는 조직 구성

히로시마 G7 정상회의 공동성명에 따르면, 경제적 강압에 대한 집단적 평가, 준비, 억제 및 대응을 강화하기 위해 경제적 강압에 관한 조정 플랫폼이 출범된다. 이 조정 플랫폼은 조기 경보 및 신속한 정보공유, 정기적 협의, 상황에 대한 공동 인식 및 평가, 조정된 대응방안이 모색될 것이다. 우리나라는 공급망을 관리하는 거버넌스가 경제적 강압의 사용을 억제하고 대응하기 위한 도구로 사용되어야 한다. 그러나 우리나라 공급망 관리 거버넌스에는 중국의 경제적 강압을 평가하고 준비하며 억제하고 대응하는 조치를 채택할 전담 부서가 없으므로 경제적 강압 전담팀이 설치되어야 한다.

캠프 데이비드 정신: 한·미·일 정상회담 공동성명에서는 경제적 강압에 맞서고 이를 극복하는데 더 잘 대비해 나가기 위해 공급망 조기경보시스템 시범사업을 출범하고자 긴밀히 협력하기로 합의하였다. 경제적 강압의 대응방안이 곧 공급망 교란 시 대응방안으로 국가 간 상호 협력할 것을 결의함으로써 경제적 강압의 대응문제가 곧 공급망 교란 대응문제와 동일함을 시사하고 있다. 따

라서 공급망 관리 거버넌스에서 경제적 강압에 대응하는 기제와 공급망 관리체계가 결코 분리되어 있지 않고, 연결되어 있으며, 양자가 연동되어 작동될 때 훨씬 더 효율적이고 신속한 대응체계가 마련될 수 있다.

이를 위해, 우선적으로 경제적 강압대응의 일환으로 공급망 교란에 관한 위험파악을 위해 부처별로 조기경보시스템을 운영하여 관할 품목 또는 서비스의 위험요인을 조기에 포착하도록 한다. 다음으로, 포착된 위기의 규모와 정도를 평가하여 계량화한다. 이 계량화에는 대체제의 존재 그리고 소다자협의체 참여국의 대체제 보유 정도 파악까지를 포함한다.

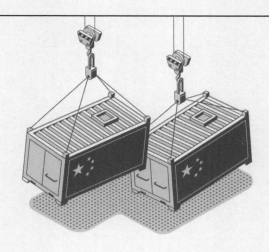

CHAPTER 09

결론

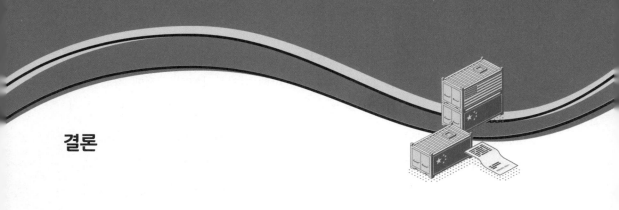

결론

제13차 WTO 각료회의(MC13)가 2024년 2월 아  랍에미레이트(UAE)의 아부다비에서 개최되었다. 2년 마다 개최되는 각료회의는 WTO의 최고 의사결정기 구이다. 이번 회의에서 166개 회원국은 분쟁해결기 구(DSU), 전송물에 대한 전자상거래 무관세 연장, 수 산보조금 개혁, 농업 개혁(시장접근, 보조금, 공공비축 등), 투자원활화협정(IFDA) 타결 등 의제에 대해 일주일간 마라톤협상을 진행하 였다.[1] 회의 성과를 살펴보면, 외견상으로는 2022년 6월 스위스 제네바에서 개 최된 제12차 각료회의 보도와 크게 차이는 없어 보인다. 그러나 제13차 각료회 의에서는 다음과 같은 몇 가지 사항을 주목할 필요가 있다.

첫째, 2001년 카타르 도하에서 열린 제4차 각료회의부터 지금까지 WTO 의 성과는 부진하다. 지난 20여 년간의 논의에도 불구하고 대부분의 의제가 아 직도 원점에서 크게 벗어나지 못하고 있다. 둘째, 선진국과 개도국 간의 격차가 더 벌어지고 있다. 한때 신자유주의 기조가 세계를 휩쓸었으나, 코로나19 팬데

---

1) WTO 홈페이지 www.wto.org 참고.

믹 이후 거세진 반세계화 논조가 WTO에 그대로 반영되었다. 개도국과 최빈국의 목소리는 커졌지만, 선진국은 과거에 비해 다자통상체제 발전에 자원을 덜 투입하면서 개도국의 요구를 충족시킬 수 있는 여력이 줄어들었다. 셋째, 현 세계무역이 당면한 복합위기에 WTO 차원의 대응을 찾기 어렵다. 특히 최근 국제무역질서에 새롭게 등장한 고강도 수출통제에 대해 WTO 각료회의는 침묵하고 있다. 넷째, 일부 개도국들이 WTO 의제 발전을 가로막는 주체로 등장했다는 것이다. MC13에서 전체 회원국의 3/4이 지지하는 투자원활화협정(Investment Facilitation for Development Agreement)을 인도·남아공의 반대로 결국 WTO 규범으로 채택되지 못했다.

지난 MC13의 의제와 논의 내용을 종합적으로 검토해보면, WTO는 이제 회생하기 어려운 지경에 이르렀다는 점을 확신하게 된다. MC14까지 논의를 지속하자는 것 이외에 세계무역 발전을 위해 뚜렷한 결론을 내린 것이 없기 때문이다. 전자상거래 무관세만 해도 그렇다. 인터넷으로 다운로드 받는 전자적 전송물에 대해 무관세를 부과하기로 한 것(모라토리움)은 과세 대상을 특정하기 어려운 기술적 문제를 고려하여 무관세 모리토리움을 합의했다. 인도와 남아공이 관세 수입 확보를 위해 전송물에 대한 관세를 부과해야 함을 주장했지만, 인터넷 비즈니스에 대한 혼란만 초래할 뿐 정부 수입 증가를 기대하기 어렵다. 만장일치(컨센서스) 원칙으로 인해 특정 회원국이 나머지 전체 회원국의 합의를 뒤집을 수 있는 것이 현재의 WTO이다. 과거 미국이 리더십을 발휘했을 시절에는 WTO에 이러한 상황이 발생하지 않았다.

미국은 오바마 대통령(2009-2016년) 시절부터 WTO 체제에 불만을 갖기 시작했다. 2001년 WTO에 가입한 중국이 당초 가입 약속을 이행하지 않고, WTO 혜택만 누리고 있다고 비판하고 이를 제재할 수 있는 규범 마련을 WTO에 촉구했다. 중국이 이를 허용할 리 없다. 이에 오바마 행정부는 중국을 견제하기 위해 환태평양경제동반자협정(TPP)을 추진하면서 WTO의 무기력화 전략에 착수했다. WTO의 상소기구를 마비시켜 WTO 통상규범을 위반해도 이를 제재할 수 없도록 만들었다. 오늘날 많은 국가들이 자국 이기주의 및 보호무역주의 조치를 남발하는 것도 이와 무관하지 않다.

앞서 설명한 바와 같이 2017년 집권한 트럼프 전 대통령은 중국에 관세 부과, 지재권 관련 301조 발동, 국가안보 관련 232조 발동 외에 고강도 수출통제제도를 시행했다. 2021년 백악관에 입성한 바이든 대통령은 트럼프 수출통제제도를 보다 정밀하게 가다듬었다. 그리고 동맹국에게 미국식 수출통제제도 채택을 요구하고 있다. 이에 중국은 수출통제제도를 '양날의 검'으로 사용할 수 있게 정비했다. 경제강압 수단으로 언제든지, 어느 국가에도 겨냥할 수 있게 된 것이다. 이제 수출통제는 WTO 규범 이상으로 국제무역에 중요해졌고, 이를 준수하지 않고는 무역을 할 수 없는 상황이 되었다. 이러한 상황하에서도 국제무역을 총괄하는 WTO는 수출통제를 의제로 설정할 엄두도 못 내고 있다.

화웨이와 같은 세계적인 기업을 포함한 수백 개의 중국 기업이 미국의 수출통제 제재를 받고 있다. 2023년 12월 미 상무부는 중국 기업 다수를 미국의 잠정적 수출통제 대상으로 추가 지정했고, 중국은 미국의 이러한 조치가 미중 간 협력 기반을 훼손하는 것이며, 기업의 정상적인 경제무역 활동을 방해하고 시장의 규칙과 국제 경제무역 질서를 파괴하는 것이라며 미국 정부를 맹비난했다.[2]

중국이 반발하고 있는 수출통제 명단은 미국이 추진하고 있는 수출통제 조치의 극히 일부분일 뿐이다. 미국의 수출통제제도는 이제 국제통상규범으로 발전하고 있다. WTO 다자통상체제가 무기력해지는 사이 국제무역에 결정적인 영향을 줄 수 있는 수출통제 무역질서가 서서히 그 모습을 드러내고 있다. 2021년 6월 미국과 EU는 범대서양 통상현안 협력을 위해 무역기술협의회(Trade and Technology Council, 이하 'TTC')를 신설하고 정례적 개최를 합의했다. 반도체

---

2) 이데일리, "中기업, 美 '잠정 수출통제' 대상 추가… '정상 경제활동 방해'", 2023.12.21., https://www.edaily.co.kr/news/read?newsId=03522726635840816&mediaCodeNo=257&OutLnkChk=Y

공급난 해소, 인공지능과 같은 첨단기술 악용 방지, 중국의 국가 주도 경제성장 정책에 대한 공동대응 등을 위한 10대 협력 분야 실무작업반(working groups)을 설치하기로 했다. 10대 협력 분야의 하나로 수출통제가 포함되었고, 러시아의 우크라이나 침공 이후 수출통제는 양측이 가장 긴밀하게 협력하는 분야가 되었다. TTC 자체가 미국과 EU가 중국 견제 정책에서의 협력을 위해 출범시킨 것이므로, TTC가 미국의 대중국 수출통제에 EU 국가들이 협력하는 기본틀이 됨은 말할 나위가 없다.

2023년 3월 윤석열 대통령의 방일을 계기로 한일 양국 관계가 정상화되었고, 5월 개최된 한미 정상회의에서는 양국 간 동맹 관계를 한층 더 업그레이드시켰다. 이어 2023년 8월 캠프 데이비드(Camp David) 한미일 정상회의에서 3국은 경제안보 분야 협력을 강화하기로 했다. 2024년 2월 한미일 수출통제 당국이 러시아에 대한 전략물자 수출통제 협력 강화를 위한 첫 3국 회의를 일본 도쿄에서 가졌다. 산업통상자원부에 따르면,3) 우리나라 산업통상자원부 무역안보국은 미국(상무부 산업안보국) · 일본(경제산업성)과 함께 도쿄 주재 미국대사관에서 '한미일 3국 통상 · 산업 수출통제 대화 회의'를 가동했다.

이 대화는 캠프 데이비드 한미일 3국 정상회의에서 합의함에 따라 개최된 것으로, 3국의 수출통제 조화 및 협력 강화를 다지기 위해 열린 첫 번째 회의이다. 정부의 보도자료에 따르면, 우리나라 수출통제 책임자는 "공급망 불안정과 수출통제 등 변화하는 글로벌 환경에 대응하기 위해서는 한미일 3국 협력이 중요하며, 이중용도 품목의 전용을 방지하고 국제평화를 유지하기 위해 아세안(ASEAN) 국가들과의 수출통제 협력을 강화해야 한다"라고 밝혔다.

....

3) 산업통상자원부 보도자료, "한 · 미 · 일 간 수출통제 협력 강화를 위한 첫 회의 열려", 2024.2.23., https://www.motie.go.kr/kor/article/ATCL3f49a5a8c/168641/view

한·미·일 수출통제 회의 보도자료를 액면 그대로 해석하면, 우크라이나를 침공한 러시아에 대한 수출통제 협력을 위해 도쿄에서 회의를 개최했고, 한·미·일 수출통제 협력을 아세안 국가로 확대해 나가겠다는 것이다. 보도자료 어디에도 중국을 언급하고 있지 않지만, 전체 내용으로 보면 미국은 한국과 일본의 협력을 바탕으로 그동안 자국이 추진해 온 수출통제제도를 중국을 제외한 모든 동아시아 국가가 채택해 나갈 것을 예측할 수 있다.

　　이 책의 맺음말을 작성하는 지금 향후 미국 주도의 글로벌 수출통제가 어떤 내용과 방식으로 확대 및 구축될 것인가를 정확하게 예상하기는 어렵다. 그러나 그 방향성에 대한 예측은 가능하다. 중국을 견제하려는 미국의 정책이 강화될수록 이에 대응하는 중국의 정책과 전략도 고도화될 것이고, 미국의 정책에 참여하는 국가에 대한 경제강압 조치도 늘어나게 될 것이다. 미국은 중국이 결여하거나 제도적으로 뒷받침이 어려운 민주주의, 인권, 평화 등의 가치를 가진 동맹국과의 연대를 추진할 것이다. 최근 몇 년 동안 그래왔듯이, 중국은 수명이 다해가는 WTO의 정상화를 주장하면서 일대일로 정책과 전자상거래 플랫폼으로 개도국과 글로벌 수출시장을 확대해 나갈 것이다. 중국의 정치체제와 미국의 대중국 정책을 살펴보면, 결코 수출통제제도가 약화되지 않을 것이다.

　　이 과정에서 미중 간 갈등의 골은 더 깊어질 것이고, 유사해 보이지만 지향하는 바가 사뭇 다른 미국과 중국의 수출통제제도는 국제무역질서에 큰 영향을 미치게 될 것이다. 앞서 언급했듯이, 현재 진행되고 있고 앞으로 더 강화될 이러한 글로벌 추세 속에서 중국의 수출통제제도를 보다 정밀하고 체계적으로 분석하는 작업이 필요할 것이다. 이 책의 후속작을 꾸준하게 기획하고 경제안보와 수출통제 연구자로 활동하는 모습과 이것이 곧 나의 천직임을 마음에 새기면서 이 책을 마무리하고자 한다.

류예리

학력
한양대학교 법학 학사
대만 정치대학교(政治大學) 법학과 교환학생
미국 뉴욕대학교(N.Y.U.) 국제조세 석사(LL.M.)
중국 칭화대학교(淸華大学) 법학 박사

주요경력
경상국립대학교 지식재산융합학과 초빙교수
국민경제자문회의 경제안보분과 위원
한국국제통상학회 부회장
전략물자관리원 TRADE & SECURITY 편집국장
(前) 한국법제연구원 부연구위원

중국 新수출통제제도의 이해

초판발행   2024년 4월 10일

지은이   류예리
펴낸이   안종만·안상준

편 집   전채린
기획/마케팅   김민규
표지디자인   Ben Story
제 작   고철민·조영환

펴낸곳   (주) 박영사
               서울특별시 금천구 가산디지털2로 53, 210호(가산동, 한라시그마밸리)
               등록 1959. 3. 11. 제300-1959-1호(倫)
전 화   02)733-6771
f a x   02)736-4818
e-mail   pys@pybook.co.kr
homepage   www.pybook.co.kr
ISBN   979-11-303-2005-2   93320

정 가   20,000원